U0077047

靠

人人都能學會

ETF

領高息賺波段

全圖解

《Smart 智富》真·投資研究室 ◎著

CONTENT 目錄

人人都能學會靠ETF領高息賺波段 全圖解

Chapter 3

用中短線策略加速資產倍增

Chapter 4

掌握長線方針安穩累積財富

用ETF打造高勝率的投資計畫

　　台股 2021 年的熱鬧，大概是近 30 年來之最，這波股市的熱度相信你一定也有感，不只是台股指數衝破 1 萬 8,000 點，單日交易量更創下 7,000 億元的天量。

　　你肯定也發現，過去從不投資的親朋好友現在聊天話題居然離不開股票、打開社群媒體、影音網站都在談投資理財，就連通勤路上隨時都看得到有人在看盤。過去你以為買股票是有錢的大人才做的事，但在今年，就算是初入職場的年輕人、大學生，誰不買幾張股票呢？

　　全民瘋股票毫無疑問，但是你有賺到錢嗎？這個答案可能會是：「有，但也沒有。」2021 年上半年的股市狂熱，吸引許多投資新手跳入市場，追逐熱門標的，出現了許多「航海王」、「鋼鐵人」，這些股票在熱度最旺時，連續拉上幾根漲停板絲毫不費勁，但是下

半年開始這些熱門標的出現修正，動輒 30%、40% 的跌幅，跌到讓人失去信心，許多新手可能根本還來不及將獲利落袋，就在市場上沖下洗之中黯然退場了。

如果因此就害怕，而打消了參與市場的念頭，著實可惜，因為市場並不可怕，而是在於你選擇了不合手的投資工具。事實上，如果你不是投資一般股票，而是買進 ETF，結果可能大不相同。

畢竟，投資股票不是隨意聽信明牌、跟風炒作就能獲利，真正想要買到飆股賺錢，除了需要付出時間來研究，還需要具備敏銳的市場嗅覺來判斷進出場時間點，而這些條件對一般投資人、上班族、學生來說都不是簡單的事，對許多人來說，投資股票往往是賺錢的時候少，賠錢才是家常便飯。

但如果選擇 ETF 作為主要的投資工具，相信你的投資勝率將會高得多。畢竟要靠個股打敗市場並不容易，多數人失敗收場的可能性更高，但 ETF 不同，其追蹤大盤、分散持股、自動汰弱留強的設計機制，能夠大大降低你投資失敗的機會，只要長期投資就能收穫豐碩的成果。

以元大台灣 50（0050）來說，光是簡單地自 2003 年 7 月時就

開始每月定期定額，等到現在（2021 年 8 月底）股息再投入的累積報酬率就能有 236%，而在這過程中，你甚至不需多費精力。

也正因為如此，ETF 是所有人都應該學會的投資工具。本書是《Smart 智富》真‧投資研究室所推出的第 3 本 ETF 投資工具書，在本書中除了會給你完整的 ETF 投資觀念之外，更全面整理當前市面上熱門的 ETF，替你比較、分析各類 ETF 的優勢、差異，本書更規畫出長、中、短期投資策略，教你如何用 ETF 因應各種市況和理財需求。

ETF 絕對是你學習投資工具的首選，只要能夠善用 ETF，無論是想賺第一桶金還是退休領息，ETF 都能夠幫助你達成。別再猶豫，現在就開始學習，讓 ETF 來幫你打造高勝率的投資計畫。

《Smart 智富》真‧投資研究室

建立基礎概念
提升投資功力

1-1 認識投資人新寵 掌握ETF現況與優勢

　　ETF 無疑是當今全球最受投資人歡迎的商品。ETF（Exchange Traded Fund）中文名稱為「指數股票型基金」，是同時擁有股票與共同基金特質的金融商品，其既能在股票市場交易，又和共同基金一樣能同時布局多檔標的，具有讓投資人一次買進就能持有整個市場重要標的的特質，使 ETF 在近年來躍身為全球投資人的寵兒。

全球ETF規模平均每年成長18%，成長力道強勁

　　ETF 有多受歡迎呢？全球資金大量流入就是最好的證明。自從 1993 年第 1 檔 ETF 產品在美國問世後，近 30 年來，ETF 商品數量與資產管理規模不斷壯大，橫掃全球金融理財市場。根據 ETF 獨立研究機構 ETFGI 統計，從 2005 年至 2021 年 5 月底為止，這 16 年來全球 ETF 數量就由 453 檔快速成長至 7,770 檔，資產規模更是由 4,170 億美元大幅拉高至 8 兆 9,500 億美元，維持平均

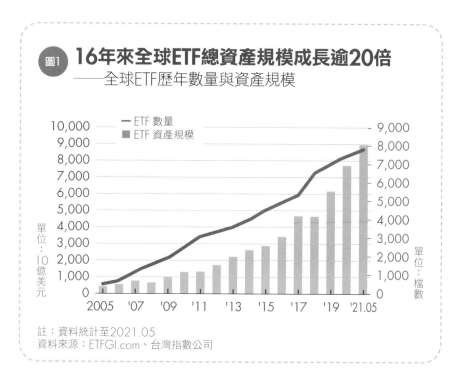

圖1 **16年來全球ETF總資產規模成長逾20倍**
──全球ETF歷年數量與資產規模

── ETF 數量
▓ ETF 資產規模

單位：10億美元

單位：檔數

2005　'07　'09　'11　'13　'15　'17　'19　'21.05

註：資料統計至2021.05
資料來源：ETFGI.com、台灣指數公司

每年 18% 的成長速度，也就是這些年來全球 ETF 總資產規模擴展了
超過 20 倍，這樣強勁的成長力道幾乎沒有其他金融商品可以追上
（詳見圖1）。

　而且這樣的趨勢，還在繼續發展下去。全球最大 ETF 發行商之一
的貝萊德，在其最近的報告中就預估：至 2024 年，全球 ETF 資產
將上看 14 兆美元，並且指出目前 ETF 的發展不過是剛剛起步，看

好這樣的成長還會繼續。

具備4大優勢，低門檻讓投資人無痛參與市場

ETF 憑什麼成為全球投資人的寵兒？低成本、易於交易、輕鬆參與市場、多元化投資分散風險，就是 ETF 無論在全球機構投資人或是一般散戶之間都能大受歡迎的 4 大原因。

優勢 1》成本低廉，有利長期投資

資產管理巨頭摩根士丹利在 2020 年出具 1 份全球 ETF 研究報告，調查全球 320 位平均管理資產達到 318 億美元的專業經理人，當中問到：你認為 ETF 產品和策略最重要的貢獻是什麼？

調查結果的第 1 名就是「低成本」。尤其是如果投資人拿同樣持有一籃子標的的共同基金與 ETF 相比，就會更明顯感受到 ETF 的低成本優勢，甚至與股票相比，在台灣 ETF 的交易稅也要更低（詳見表 1）。

這是因為 ETF 跟隨指數投資，不需要大量研究人員鑽研個股投資，因此在研究分析、調整持股上的花費就降低，這也使得 ETF 相對於共同基金在管理費用上要低許多。目前台灣股票型共同基金的管理

成本	ETF	共同基金	股票
管理費用	多在 1% 之下，且規模愈大，費率有望愈低	股票型多為 1.5%　債券型多為 1%	無
交易手續費	買賣皆為 0.1425%	股票型買進時 2%～3%　債券型買進時 1.5%～2%	買賣皆為 0.1425%
證券交易稅	0.1%	無	0.3%

表1 ETF的交易成本較低
──ETF vs.共同基金vs.股票交易成本

註：以未折扣費率比較
資料來源：各大券商

費用多在 1.5%，債券型共同基金則多為 1%；但 ETF 則幾乎都在 1% 以下，且甚至規模愈大，管理費率就能降得愈低。

其次，單以交易手續費來比較，股票型共同基金約為 2%～3%，債券型共同基金則約在 1.5%～2% 之間，雖然交易平台多會提供折扣優惠，以基金交易平台基富通提供的股票型共同基金交易手續費 1.99 折優惠計算，共同基金仍是要 0.398%～0.597% 的交易手續費，比起 ETF 在股市交易只要支付 0.1425% 的交易手續費來說，仍明顯要高，更何況券商也多會對電子下單給出交易手續費打

折的優惠,就又會更加壓低 ETF 的交易成本。

除了手續費的成本之外,ETF 在股市賣出時,雖然需要支付證券交易稅,但只需要 0.1%,僅是股票賣出交易手續費的 1/3。

以上這些手續費率看似不高,都只是幾個小數點之間的差別,是小額費用,但是積少成多、聚沙成塔,若以長期投資的眼光來看,累積 5 年、10 年、20 年之後,將會是一筆很大的費用。因此若是能在成本上多省一點,就能讓你在投資報酬率上多賺一點,故採取指數投資的 ETF 就是你非常有利的長期投資工具。

優勢 2》交易方便,有證券戶就能即時買賣

交易 ETF 也是非常簡單方便且即時的,就跟股票一樣,只要投資人有證券戶,就可以在開市的期間交易,根據市場變化、自己的資金部位立即決定買進賣出。不像共同基金需要另外在投信、銀行或是基金交易平台開戶,當天只有 1 個報價 1 次的交易機會;賣出時,則因為淨值清算關係,可能要 3 個~4 個交易日之後款項才會入帳,投資海外標的的共同基金甚至有可能長達 7 個交易日(詳見表 2)。

優勢 3》輕鬆布局,不用選股擇時

市場中雖有成千上萬的投資標的,但是一般投資人精力、能力有

表2	交易ETF較共同基金便利

——ETF vs.共同基金交易方式

交易方式	ETF	共同基金
交易管道	集中市場直接買賣，也可以在投信、銀行等機構買賣	不可在集中市場買賣，只能在投信、銀行、基金平台買賣
交易方式	在股市開市時間內，可連續交易	單日只能單次交易
價格變動	盤中即時變動	依每日結算的淨值定價交易
交割方式	買進成功後，T＋2日內資金存入交割戶即可 賣出成功後，T＋2日資金入帳	下單前，扣款帳戶需先存入足夠資金 賣出後，3～7個交易日資金才會入帳

限，要徹底研究投資標的、判斷理想買點是有困難的，無論擇時或是擇股都是一件不容易的事情，但 ETF 的問世，有效解決一般投資人都會遭遇的痛點，成為幾乎適合所有人的投資商品。

　　因為 ETF 本身就是方便布局的投資組合，投資人只需要選擇市場，就相當於持有所有相關的股票，不再需要花費大把時間、精力研究產業、個股，而且還不一定能真的準確判斷個股的買進價值和時機，ETF 的存在等於指數公司提前替你做好了功課，讓投資人不費勁就輕鬆參與市場。

優勢 4》分散投資，有效降低風險

大部分人的資金都有限，即使想做到分散投資，在此情況下，想要不把雞蛋都放在同一個籃子裡恐怕很困難，也因此容易有投資集中的風險。但由於 ETF 是持有一籃子股票，幫助投資人買進時就做到分散投資，不需要也不必要將身家都只壓在其中少數幾個標的身上，承擔過高的投資風險。

以美國股市來說，美股長期趨勢向上是大家都知道的，但想要參與美股這個長期上漲的趨勢，不是任意挑 1 檔美股股票就能做到的，個股具有高投資風險這是大家都知道的，可能產業前景轉變，也可能公司營運變壞、成長力道轉弱，完全跟大盤呈不同的走勢，但一般投資人不容易判斷，也因此若是你看好美股，追蹤美國股市指數的 ETF 就是你最好的選擇，一次布局市場上所有重要個股，只要美股漲勢持續你就絕不會錯過。

台灣ETF規模突破1.9兆元，創歷年新高

ETF 的投資優勢如此多，這波蔓延全球的 ETF 熱潮，台灣當然也沒有缺席。台灣第 1 檔 ETF 在 2003 年上市，是由元大投信發行、追蹤台股大盤績效表現的「元大台灣 50」，也就是台灣投資人熟知的 0050（元大台灣 50 的股票代碼）。在元大台灣 50 問世之後，

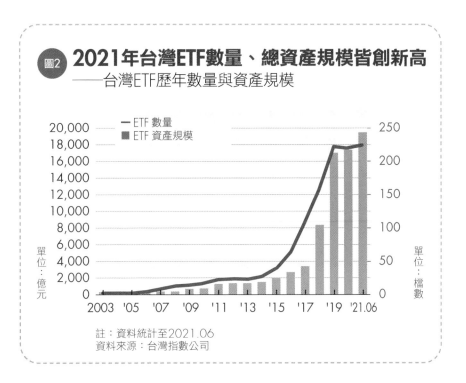

圖2 **2021年台灣ETF數量、總資產規模皆創新高**
——台灣ETF歷年數量與資產規模

單位：億元

20,000
18,000
16,000
14,000
12,000
10,000
8,000
6,000
4,000
2,000
0

— ETF 數量
■ ETF 資產規模

250
200
150
100
50
0

單位：檔數

2003 '05 '07 '09 '11 '13 '15 '17 '19 '21.06

註：資料統計至2021.06
資料來源：台灣指數公司

台灣 ETF 市場開始逐步發展，到了 2016 年，更出現了跳躍性成長，無論是數量或總管理資產規模，都有加速成長的趨勢（詳見圖 2）。

2016 年底時，台灣 ETF 數量還不足百檔，只有 63 檔；但至 2021 年 6 月底，掛牌檔數已經跳升至 225 檔。另外，總管理資產規模在 2016 年底時才約新台幣 3,000 億元水準；但到了 2021 年 6 月底，總管理資產規模卻已經超越 1 兆 9,000 億元，寫下有

史以來最高紀錄。

隨著市場蓬勃發展，台灣發行的 ETF 產品也豐富了起來，投資布局範圍除了台灣之外，亦遍及全球各個主要市場，包括美國、日本、歐洲、中國、印度等等，也就是投資人可以輕鬆地利用在台灣發行的 ETF，參與全球市場的成長。

而 ETF 產品類型，除了最早期的股票 ETF 之外，現在更有槓反ETF、期貨 ETF、債券 ETF 等共 4 大類。目前在台灣以債券 ETF 所發行的檔數及總資產管理規模最大，分別達到了 98 檔以及 1 兆 2,391億元（詳見表 3）。

法人鍾情債券ETF，散戶偏愛股票ETF

不過，債券 ETF 雖然檔數眾多、規模龐大，但在台灣目前債券ETF 最主要的參與人是尋求穩定收益的國內大型壽險法人，散戶參與度相對較低，整體來說債券 ETF 偏向法人市場，在市場的每日交易程度相對來說並不活躍，並非台灣一般投資人主要使用的投資理財標的。

相比於債券 ETF，台灣一般投資人對於股票 ETF、槓反 ETF 投資顯

表3　**台灣ETF中，債券ETF規模最大**
—— 各類ETF數量與規模

類型	原型	槓反	債券	期貨
檔數	74	41	98	6
規模（億元）	5,139	1,821	12,391	224

註：資料統計至 2021.06
資料來源：台灣指數公司

得更為熱中，尤其是股票 ETF，就目前證交所統計，ETF 定期定額交易戶數前 10 名的 ETF 皆為股票 ETF，其中歷史最悠久、規模最大的元大台灣 50，定期定額交易戶數更是在 2021 年 6 月底突破了 10 萬戶（詳見表 4）。

為何台灣投資人偏愛股票 ETF ？一來是因為疫情發生至今，全球股市都處於相當火熱的狀態，屢創新高，台股更在 1 年之間一路由 9,000 點位階向上衝到 1 萬 8,000 點的歷史新高，刺激全民參與股市。

再者，在近 2 年之間，國內發行了許多主題趨勢型的 ETF 產品，例如 5G、AI、半導體、電動車等等，這些題材多是受到大型機構、

表4　定期定額交易戶數前10名皆為股票ETF

——ETF定期定額交易戶數前10名

股票代號	名稱	定期定額交易戶數
0050	元大台灣 50	10 萬 3,733
0056	元大高股息	8 萬 4,840
006208	富邦台 50	4 萬 2,435
00692	富邦公司治理	2 萬 6,497
00881	國泰台灣 5G+	1 萬 9,424
00878	國泰永續高股息	1 萬 5,525
00850	元大台灣 ESG 永續	1 萬 1,885
006205	富邦上証	6,706
0052	富邦科技	6,400
00701	國泰股利精選 30	5,088

註：資料統計至 2021.06.30
資料來源：台灣證券交易所

投資法人認可具長期發展潛力，或是最受市場矚目的趨勢，也吸引了許多認可趨勢的投資人進場。

也因此本書將會把主要的重心放在各類股票 ETF 及槓反 ETF 的介紹，以及如何利用這 2 類 ETF 組成各類投資策略，滿足讀者的所有投資需求。

釐清規則與限制
新手入門更順利

1-2

　　簡單、親民、成本低、交易容易，讓 ETF 成為當今全球最受歡迎的投資工具，吸引成千上億的資金持續湧入。你也想要利用 ETF 幫助你達成財富目標、人生夢想嗎？在開始投資之前，關於 ETF 有些事你應該要先知道，弄懂這些眉角、摸清交易規則，將能幫助你在投資路上走得更順利。

成分股會調整，分為定期與不定期2種

　　ETF 跟共同基金的一大差異之處就在於 ETF 是被動操作，跟著指數投資，ETF 所持有的成分股標的以及權重會與指數內容相同；不像共同基金持股內容會隨經理人對市場的看法及決策而任意變動，因此共同基金的持股周轉率多會高於 ETF 持股周轉率。

　　但不要誤會，ETF 的持股絕對不是一成不變，其持股會跟著指數

ETF會依公開說明書設定的條件做調整
——ETF成分股調整方式

項目	定期調整	不定期調整
頻率	依公開說明書規定，有 1 年 1 次、半年 1 次、每季 1 次	不定期，當事件發生時才調整
調整理由	依據審核時企業市值、財務狀況、股利發放等條件篩選、淘汰成分股	成分股被收購、停止買賣、下市等
成分股變動	會滿足公開說明書條件，若 ETF 規定成分股 30 檔，則定期調整時成分股也會維持 30 檔	若成分股因上述理由遭剔除，則不一定會補足成分股檔數，可能等到下次定期審核時一併完成調整

資料來源：各大投信

調整。指數則是會依據當初指數成立設定的條件來調整成分股內容，依當下公司表現，將符合條件的公司納入，將營運表現或是財務條件已經不再符合指數的公司剔除。

不過，雖說成分股會調整，但其調整也是有原則與規範的，並不會每天隨時隨地調整，而是會分為「定期調整」以及「不定期調整」2 種（詳見表 1 ）。

而多數 ETF 持股變動都是因為「定期調整」。當 ETF 成立時，基

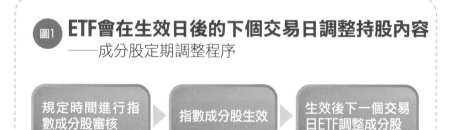

圖1　ETF會在生效日後的下個交易日調整持股內容
——成分股定期調整程序

規定時間進行指數成分股審核	→	指數成分股生效	→	生效後下一個交易日ETF調整成分股

資料來源：各大投信

金公開說明書上即會規定成分股審核調整的方式以及定期調整的時間，有的 ETF 是每年審核 1 次成分股，有的是 1 年 2 次，有的則是 1 年會審核 4 次。

指數成分股審核之後，還會有指數成分股生效日，ETF 將會在生效日之後跟著指數調整持股內容（詳見圖 1）。以元大台灣 50（0050）來說，其追蹤的台灣 50 指數會在每年 3 月、6 月、9 月、12 月的第 1 個星期五定期進行季度審核，並於審核會議當月的第 3 個星期五交易結束後生效，然後在下 1 個交易日開始進行 0050 的持股調整。

至於不定期調整，則是會出現在特定事件發生時，以 0050 來說，

例如有新上市股票，其市值大為膨脹符合指數標準，或是指數成分股因為被收購、停止買賣、下市等狀況而遭到剔除，那麼 0050 也會跟著不定期調整。

投資人可以藉由 ETF 成分股來了解 ETF 組成內涵，而每次成分股的更動，也能讓投資人更加了解你投資的 ETF 標的性質或持股特色。ETF 詳細的持股內容，包括標的、權重等資訊，投資人隨時都可以在各大投信官網查詢，高透明度也是 ETF 的優點之一，投資人可藉此掌握 ETF 投資組合特性並做出適當的預期（詳見圖解教學）。

系統性風險來臨時，分散持股仍難逃衝擊

ETF 眾所周知是持有一籃子投資標的，例如 50 檔股票，而這樣的投資方式能夠有效的分散投資標的過於集中的風險，避免將雞蛋都放在同一個籃子裡面，就算當中有企業發生弊端、經營不善，投資人也不會因此遭受到太嚴重的損失或承擔高度風險，也因此資產的波動性也就不會太高。

不過，這並不代表投資 ETF 就沒有資產波動的風險，因為持有一籃子股票這樣的策略，只能藉由分散投資降低個別標的對於整體投資帶來的影響和風險，也就是「非系統性風險」；但對於「系統性

面對系統性風險，無法透過投資組合因應
——系統性風險vs.非系統性風險

項目	系統性風險	非系統性風險
發生原因	整體市場所有公司都面臨股價波動	個別公司因特殊因素所面對的股價波動
風險來源	來自企業外部的影響	企業內部引起
因應方式	無法透過投資組合降低風險	可透過持有投資組合降低風險
實際狀況	2000年科技泡沫、2008年金融海嘯、2020年3月新冠肺炎疫情造成的危機	個別企業做假帳、經營不善倒閉、工安問題等

風險」，則無法利用分散投資標的來因應，因為這是整個市場都在承受風險，例如 2008 年金融海嘯、2020 年 3 月新冠肺炎疫情下的市場暴跌都屬於這類狀況，此時 ETF 就算持股再分散，都難逃價格同步下挫的情況（詳見表 2）。

國外成分ETF無漲跌幅限制，價格波動恐較大

台股是設有漲跌幅限制的市場，透過上市交易的股票、標的漲跌幅的上限是 10%，也就是說 1 個交易日的價格波動不會超過

20%，國內發行投資標的為台股的 ETF 也同樣跟隨這個限制，1 天股價的漲跌幅不會超出正負 10%（詳見表 3）。另外，連結台股的槓桿 ETF、反向 ETF 的漲跌幅，也就是台股的漲跌幅限制乘上該 ETF 的報酬倍數。

但是在台灣上市發行的國外成分 ETF，也就是投資標的非台股，而是美股、日股、港股等資產的 ETF，甚至是海外期貨標的，股價每天的波動就沒有漲跌幅限制。同樣地，國外槓桿 ETF 以及反向 ETF 漲跌幅同樣不受限。

也就是說國外成分 ETF 的波動跟隨指數可以相當劇烈，一旦市場狂熱時，可以出現 20%、30% 的漲幅，當市場崩跌時，1 天跌幅超過 20% 同樣並非不可能。事實上，在 2020 年 3 月時的疫情期間，由於全球市場股價大幅波動，台灣上市的國外成分 ETF 就有出現過相當極端的表現，當時因為原油價格暴跌、美國公債殖利率直落，原油反向 ETF、美債槓桿 ETF 漲幅就超過 20%。因此投資人在投資國外成分 ETF 時，要先做好價格波動的準備。

國內外股市有交易時間差，無法即時反應

國外成分 ETF 除了漲跌幅沒有限制之外，由於各國股市的時區、

表3 國內成分ETF有正負10%的漲跌幅限制
——國內成分ETF vs. 國外成分ETF漲跌幅

投資標的	原型 ETF	2 倍槓桿 ETF	反向 ETF
投資國內標的	10%～-10%	20%～-20%	10%～-10%
投資國外標的	沒有漲跌幅限制	沒有漲跌幅限制	沒有漲跌幅限制

交易時間不一定與台股相同，因此國外成分 ETF 的市價與淨值就可能會與指數產生比較大的落差（詳見表 4）。舉例來說，台股 1 天只有 1 個交易時段，時間至每日 13：30；但是港股每天會有 2 個交易時段——9：30 ～ 12：00、13：00 再開盤到 16：00 截止，更不用說時區跟我們落差超過 10 小時的美股。

因此假設海外市場在台股收盤之後，發生重大財經事件，那麼受到延遲反應的影響，投資人手中的國外 ETF 價格要等到下一個交易日才能反應，有無法即時反應的缺點，可能會面臨跌價的損失。

海外ETF需考量匯率風險，避免蒙受匯損

ETF 的匯率風險主要是發生在投資海外市場的國外成分 ETF。這是

國外股市交易時間和台灣股市不一致
——各國股市交易時間

市場	當地時間（週一至週五）	台灣時間（週一至週五）
美股	夏令時間：08：30～15：00 冬令時間：09：30～16：00	夏令時間：21：30～04：00 冬令時間：22：30～05：00
日股	09：00～11：30、 12：30～15：00	08：00～10：30、 11：30～14：00
陸股	09：30～11：30、 13：00～15：00	09：30～11：30、 13：00～15：00
港股	09：30～12：00、 13：00～16：00	09：30～12：00、 13：00～16：00
台股	09：00～13：30	09：00～13：30

註：夏令時間是指 3 月第 2 個星期日至 11 月第 1 個星期日、冬令時間則是指上述期間以外
資料來源：台灣證券交易所、鉅亨網

因為國外成分 ETF 的投資標的是海外資產，不會以新台幣計價，而是以外幣計價，例如美元、日圓等，需要將新台幣兌換成交易貨幣才能投資。而利用外幣投資所獲的資本利得、股利也需轉換成新台幣計價的淨值，這些過程都無可避免的會產生匯率風險，可能會使 ETF 的績效表現偏離指數。

假設新台幣相當強勢，兌美元有明顯升幅，那麼投資美股 ETF 的投資人就有可能因為新台幣的強勢而蒙受匯損，因為其投資的美股

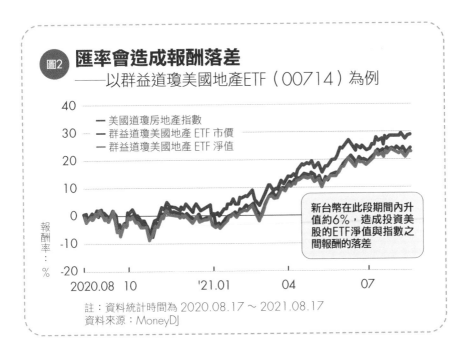

圖2 **匯率會造成報酬落差**
——以群益道瓊美國地產ETF（00714）為例

— 美國道瓊房地產指數
— 群益道瓊美國地產 ETF 市價
— 群益道瓊美國地產 ETF 淨值

新台幣在此段期間內升值約6%，造成投資美股的ETF淨值與指數之間報酬的落差

報酬率：%

2020.08　10　'21.01　　04　　07

註：資料統計時間為 2020.08.17 ～ 2021.08.17
資料來源：MoneyDJ

ETF 報酬表現將不如該 ETF 追蹤的美股指數。而這個情況在 2020 年股災之後最為明顯，因為美國聯準會（Fed）為救市場，啟動無限 QE（量化寬鬆貨幣政策），於是美元走貶，新台幣則相對強升，使得近 2 年來投資於美股標的的 ETF 績效都明顯遜於其追蹤指數（詳見圖 2）。

圖解教學　查詢ETF成分股

想要了解ETF的成分股組成有很多管道，包括發行投信公司，或是財經資訊彙整網頁，如MoneyDJ、CMoney等。以下我們就以元大投信網站為例，示範如何查詢ETF的成分股內容。

進入元大投信首頁（www.yuantaetfs.com/#/Home/Index），點選上方標題❶「產品資訊」，將出現元大投信所發行的ETF產品清單。此處以查詢元大台灣卓越50（0050）成分股為例，點選❷「立即查看」。

接著將進入元大台灣卓越50基金的介紹頁面，點選上方的❶「基金持股權重」。

STEP 3 進入下一個頁面之後下拉畫面，就可以看到元大台灣卓越50基金的完整持股內容。以2021年8月中來看，其最大持股為❶台積電（2330），持股權重達到47.04%。

股票			
證券代碼	證券名稱	持股權重(%)	股數
2330	台積電	47.04	148,132,607
2454	聯發科	4.61	9,128,100
2317	鴻海	4.36	73,616,301
2303	聯電	2.31	71,877,689
2308	台達電	1.97	13,327,280
2881	富邦金	1.96	45,316,825
1303	南亞	1.67	34,829,896
1301	台塑	1.65	30,039,155
2002	中鋼	1.56	76,077,210
2882	國泰金	1.53	50,975,850
2412	中華電	1.53	23,462,370
3711	日月光投控	1.39	21,103,672
2891	中信金	1.34	111,921,523
2603	長榮	1.21	16,111,851
2886	兆豐金	1.17	67,156,261
1216	統一	1.15	29,573,134
2884	玉山金	1.10	73,692,810
5871	中租-KY	1.05	8,189,041
3008	大立光	0.97	632,632
3034	聯詠	0.96	3,530,283
1326	台化	0.95	21,119,232
2885	元大金	0.95	71,735,236
2379	瑞昱	0.89	2,921,519

資料來源：元大投信

學會辨識3警訊
交易路上不踩雷

1-3

作為一個投資工具，ETF 雖然有諸多優點，是當今最受歡迎的國民投資工具，但也不是所有 ETF 都能隨時閉著眼無腦買、佛系投資，買了就不管還能傻傻賺的。事實上，如果不小心投資到地雷 ETF，對你的財富計畫不只無益，可能還有害，因此在開始投資之前，你一定要懂得學會辨別哪些 ETF 不是理想的投資標的，避免自己陷入投資困境！以下就是幾項可以用來觀察 ETF 是否理想的指標，若 1 檔 ETF 符合以下條件之一，建議你出手前三思而後行。

警訊1》成交量過低，較難以理想價格買賣

ETF 本質上是基金，但對一般投資人來説，ETF 更是在公開市場上交易、流通的股票，如果 1 檔股票沒有人願意買賣，或是買賣成交量極低，那麼就會有高度的流動性風險，也就是説，在交易時投資人就容易遇到想買買不到、想賣賣不掉的狀況，同樣的狀況也會發

生在 ETF 上。

　　雖然就理論上來說，ETF 發行業者，也就是投信公司必須要與證券業者合作，透過業者提供 ETF 必要的流動性，也就是說，當市場上 ETF 出現一般買賣無法媒合交易時，應該要由證券業者來「造市」，介入市場中吸收掉或是釋出籌碼，以維持市場交易順利。

　　但是，實際上證券商在造市方面的積極程度可能不同，如果 1 檔 ETF 交易太過冷清、流動性不佳，更有可能會遇到造市不及、交易無人接手的問題，這時不僅一般投資人不易買賣，例如可能無法即時成交、或是全部成交，伴隨而來的問題還有成交價格跳動幅度過大的問題，迫使投資人若想成交的話，可能會以不理想的價格買進或是賣出。但若是交易熱絡的 ETF，每天成交量成千上萬，遇到流動性問題的可能性就低得多（詳見表 1）。

　　因此建議投資人在挑選 ETF 時，要盡量排除成交量過小的標的，當 1 檔標的一整個交易日只有數十張、個位數張數的零星成交量，甚至是完全零成交時，投資人最好還是避開為佳。

　　要觀察 1 檔 ETF 交易是否熱絡，建議投資人可以利用看盤軟體，直接看 ETF 的日均交易量來了解 ETF 平時的交易情況。其次，則是

成交熱絡的ETF每天有上萬張的成交量

ETF 名稱（代號）	成交金額（元）	
元大台灣 50 反 1（00632R）	140 億 3,013 萬 5,464	
元大滬深 300 正 2（00637L）	307 億 9,007 萬 4,587	
國泰智能電動車（00893）	148 億 1,236 萬 2,686	
期街口布蘭特正 2（00715L）	83 億 3,319 萬 343	
中信中國高股息（00882）	97 億 3,231 萬 4,624	
富邦越南（00885）	86 億 3,173 萬 8,959	
國泰台灣 5G+（00881）	79 億 5,948 萬 8,455	
元大高股息（0056）	153 億 994 萬 4,415	
富邦台灣半導體（00892）	40 億 3,148 萬 1,689	
期元大 S&P 石油（00642U）	31 億 5,145 萬 3,416	

資料來源：台灣證券交易所

可以觀察 ETF「最佳 5 檔」的量價變化。

　　所謂最佳 5 檔，就是股票交易時，離目前成交價上下最接近的各
5 個買價與賣價，若是 1 檔股票流動性較佳，則其最佳 5 檔的報價
會具有連續性，不會相差太大，且買進、賣出的報價會只相差 1 檔。

　　但若是流動性不佳的 ETF，則最佳 5 檔報價通常都不具連續性，

──2021年7月日均成交量前10大ETF

成交股數（股）	日均成交金額（元）	日均成交量（張）
25 億 3,292 萬 8,100	6 億 3,773 萬 3,430	11 萬 5,133
12 億 7,895 萬 7,351	13 億 9,954 萬 8,845	5 萬 8,134
9 億 9,671 萬 8,330	6 億 7,328 萬 9,213	4 萬 5,305
9 億 5,868 萬 6,691	3 億 7,878 萬 1,379	4 萬 3,577
6 億 4,771 萬 517	4 億 4,237 萬 7,937	2 萬 9,441
5 億 4,061 萬 9,619	3 億 9,235 萬 1,771	2 萬 4,574
4 億 4,238 萬 1,142	3 億 6,179 萬 4,930	2 萬 108
4 億 4,222 萬 7,567	6 億 9,590 萬 6,564	2 萬 101
2 億 5,666 萬 4,295	1 億 8,324 萬 9,168	1 萬 1,667
2 億 5,492 萬 1,047	1 億 4,324 萬 7,883	1 萬 1,587

且價格落差會很明顯，此時若投資人沒注意很可能就會成交在不理想的價位上（詳見圖 1）。

警訊2》溢價過高，若跟風搶進恐買在高點

在談什麼是 ETF 的高溢價之前，我們需要先弄清楚 2 個名詞：「淨值」與「市價」。

圖1 流動量小時，ETF最佳5檔報價多不具連續性
——以元大富櫃50（006201）為例

交易冷清的ETF，最佳5檔報價不連續

資料來源：元富證券

　　跟基金一樣，ETF 會有「淨值」，也就是將這檔 ETF 所持有的總資產價值，再除以此發行股數，換算出來的就是代表這檔 ETF 每股的真實價值，這就是所謂的每股淨值，簡稱淨值。而「市價」則是ETF 在市場上交易的價格，代表投資人願意為這檔 ETF 付出的金額。

　　理論上，淨值和市價應該要相等或是很接近。但現實狀況中並不

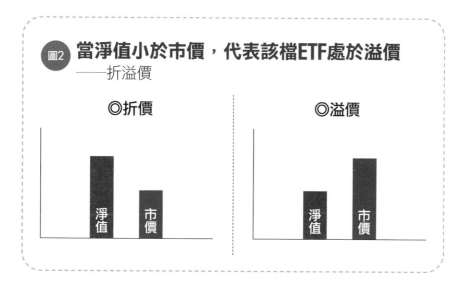

圖2 **當淨值小於市價，代表該檔ETF處於溢價**
　　——折溢價

◎折價

淨值　市價

◎溢價

淨值　市價

總是如此，當兩者價格不一致時，就出現了「折溢價」（詳見圖2）。

　　當淨值大於市價時，稱為折價，也就是說你買這檔ETF是用低於淨值的打折價買的。假使1檔ETF的當日淨值為50元，但市場成交價卻只有49元時，就是折價。相反的，當淨值小於市價，則稱為溢價，也就是說你用了超出這檔ETF本身應有的價值買它。同樣以ETF當日淨值為50元來說，若是市場成交價為51元，這就代表這檔ETF處於溢價。

　　因為每檔ETF的價格高低不同，直接比較折溢價金額並不公允，

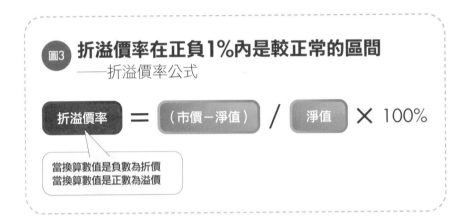

圖3 折溢價率在正負1%內是較正常的區間
──折溢價率公式

折溢價率 ＝ （市價－淨值） / 淨值 × 100%

當換算數值是負數為折價
當換算數值是正數為溢價

無法看出真正折溢價的程度，因此通常都是以「折價率」或是「溢價率」，也就是價差與淨值的差距比率來觀察折溢價的程度（詳見圖3）。以前述例子為例，折價率和溢價率分別是 -2% 和 2%。

多數時候微幅的折溢價，例如在 1% 之內，投資人都不用太過擔心，因為一般來說，當淨值和市價出現落差時，投信公司和證券商就能透過初級與次級市場進行低買高賣的套利，使淨值和市價貼近。

但是當 1 檔 ETF 出現高溢價時，投資人就應該小心，不應該在這個時候還買進，因為高溢價代表背後目前 ETF 的套利功能不佳，可能市場上的交易籌碼不足，且市場上的投資人正在一窩蜂追買這檔 ETF，願意付出遠高於這檔 ETF 淨值的金額購買，若也跟風搶在此時

圖4 **元大S&P石油在疫情期間出現大幅溢價**
——以元大S&P石油（00642U）為例

元大S&P石油在疫情期間出現大幅溢價，且超過1季都無法收斂

—— 淨值（新台幣）
—— 市價（新台幣）

最高18.47

最低5.13

單位：元

2020.01　04　07　10　'21.01　04　07

註：資料統計時間為 2020.01.02～2021.08.20
資料來源：MoneyDJ

買進，不僅代表你買貴了，還有可能買在高點上，等到市場恢復冷靜，後續就算淨值增加，市價也不見得能夠再回到最初高溢價時的水準（查詢 ETF 即時折溢價的方式，詳見圖解教學❶）。

　　高溢價最有名的例子，就是 2020 年的元大 S&P 石油（00642U）及元大 S&P 原油正 2（已下市）（詳見圖 4）。當時由於疫情的關係，原油價格暴跌，這 2 檔 ETF 的淨值也直落，但是許多投資人卻反而抱持著反向思考認為這是逢低買進的機會，希望能夠搶反彈，

造成元大S&P石油出現50%以上的溢價，元大S&P原油正2更是出現300%以上的溢價，等於花400元去買只有價值100元的東西，絕對是當了冤大頭。

在近期有些ETF初上市時，由於宣傳成功、市場熱度高，吸引投資人搶買，也因此常常會出現在上市初期出現溢價問題，例如富邦越南（00885）、國泰永續高股息（00878）都在上市初期出現明顯溢價（詳見圖5）。其實就算看好後市，投資人大可不必在上市初期高溢價時期就急著買，可以等到市場熱度降溫，淨值與市價貼近後再進場也不遲。

警訊3》資產規模過小，有清算下市的風險

投資人不宜買進資產規模過小的ETF，尤其是有長期投資計畫的人，無論是想要累積財富或是要長期領息的投資人。ETF規模為什麼重要？這是因為一旦ETF的資產規模過小的話，將會面臨被「清算下市」的風險，屆時投資人不是要先贖回資產，就是只能等待清算，領回ETF剩餘資產換算後的金額，無論如何，都必須要轉換標的才能重啟投資計畫（詳見表2）。

目前ETF的下市條件，依照不同類型的ETF有不同的門檻，股票

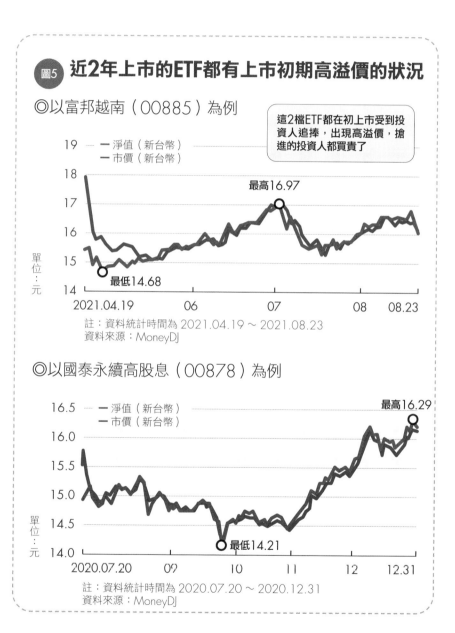

圖5 近2年上市的ETF都有上市初期高溢價的狀況

◎以富邦越南（00885）為例

這2檔ETF都在初上市受到投資人追捧，出現高溢價，搶進的投資人都買貴了

淨值（新台幣）
市價（新台幣）

最高16.97

最低14.68

單位：元

2021.04.19　　06　　　　07　　　　08　08.23

註：資料統計時間為 2021.04.19 ～ 2021.08.23
資料來源：MoneyDJ

◎以國泰永續高股息（00878）為例

淨值（新台幣）
市價（新台幣）

最高16.29

最低14.21

單位：元

2020.07.20　　09　　　10　　　11　　　12　12.31

註：資料統計時間為 2020.07.20 ～ 2020.12.31
資料來源：MoneyDJ

表2 期貨ETF規模或淨值未達標都會被迫下市
—— 各類型ETF清算條件

ETF 類型	清算下市門檻
股票 ETF	近 30 個交易日平均規模＜ 1 億元
債券 ETF	近 30 個交易日平均規模＜ 2 億元
期貨 ETF	1. 平均淨值累積跌幅較上市時達 90% 2. 規模＜ 5,000 萬元 達成以上任一條件，即達到清算門檻

資料來源：台灣證券交易所

ETF 與債券 ETF 的清算下市條件都是依照規模，股票 ETF 的清算下市門檻是近 30 個交易日，平均規模小於 1 億元；債券 ETF 則是規模小於 2 億元；至於期貨 ETF，例如槓桿、正向，或是連結商品、指數、貨幣的 ETF 則是平均淨值累積跌幅較上市時達 90%，或是規模小於 5,000 萬元，就達到清算門檻。

投資人買進 ETF 之前，務必先了解其規模和淨值表現，若是 1 檔 ETF 的規模或淨值表現已接近清算門檻，建議投資人最好以其他相似的 ETF 作為代替選項，避免遇到 ETF 要下市清算的麻煩事（查詢 ETF 規模的方式，詳見圖解教學❷）。

圖解教學❶　查詢ETF即時折溢價

如果想要一次查詢所有上市櫃ETF的即時折溢價狀況，可以利用台灣證券交易所網站。

 STEP 1 首先，進入台灣證券交易所網站首頁，點選上方的❶「基本市況報導」。

STEP 2 進入下個畫面後，接著依序點選❶「各項專區」、❷「ETF行情」、❸「集中市場ETF單位變動及淨值揭露」或是「櫃買市場ETF單位變動及淨值揭露」。

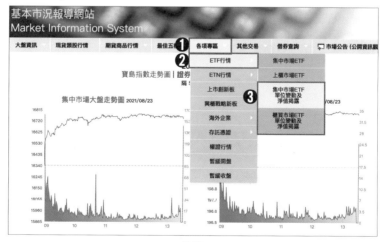

接續
下頁

STEP 3 點選進入之後，就能看到即時的❶預估折溢價幅度。

隔 15 秒自動更新（元，交易單位）

【國內成分證券ETF】－新台幣交易

ETF代號/名稱	已發行受益權單位數（註1）	與前日已發行受益單位差異數	成交價	投信或總代理人預估淨值（註2）	❶預估折溢價幅度（註3）	前一營業日單位淨值（註4）	投信公司網頁連結	資料時間
0050 / 元大台灣50	1,372,000,000	−3,000,000	134.35	133.75	0.45%	130.41	投信網頁	2021/08/23-13:45:00
0051 / 元大中型100	10,500,000	0	55.50	55.33	0.31%	54.28	投信網頁	2021/08/23-13:45:00
0052 / 富邦科技	54,500,000	0	120.70	120.83	−0.11%	117.67	投信網頁	2021/08/23-17:02:30
0053 / 元大電子	5,488,000	0	64.75	64.67	0.12%	63.08	投信網頁	2021/08/23-13:45:00
0054 / 元大電子	6,624,000	0	30.81	30.93	−0.39%	30.23	投信網頁	2021/08/23-13:45:00
0055 / 元大MSCI金融	35,654,000	0	22.30	22.37	−0.31%	22.06	投信網頁	2021/08/23-13:45:00
0056 / 元大高股息	2,603,534,000	7,000,000	32.88	32.75	0.40%	32.19	投信網頁	2021/08/23-13:45:00
0057 / 富邦摩台	4,527,000	0	91.65	92.22	−0.62%	89.99	投信網頁	2021/08/23-17:02:30
006203 / 元大MSCI台灣	10,718,000	0	63.80	63.85	−0.08%	62.32	投信網頁	2021/08/23-13:45:00
006204 / 永豐臺灣加權	1,500,000	0	88.95	89.11	−0.18%	87.12	投信網頁	2021/08/23-13:59:55
006208 / 富邦台50	196,040,000	4,000,000	77.05	76.79	0.34%	74.87	投信網頁	2021/08/23-17:02:30

資料來源：台灣證券交易所

圖解教學❷ 查詢ETF規模

各家投信每月都會公布自己發行的ETF規模數值，在投信投顧公會、MoneyDJ等網站也能查詢到ETF的規模。在此以MoneyDJ網站示範：

STEP 1 首先，進入MoneyDJ網站首頁，點選畫面左方的❶「ETF」。

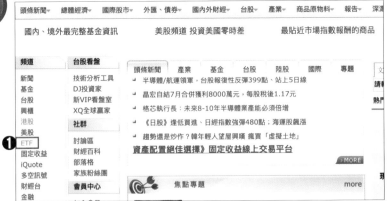

STEP 2 在下個頁面點選❶「ETF介紹」，出現下拉選單之後選取❷「基本資料」。

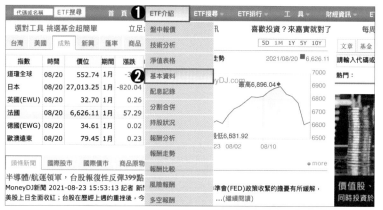

STEP 3 進入下個頁面後，就可以利用上方的下拉式選單，選取❶發行投信公司以及❷欲查詢的ETF，就可以看到該檔ETF的規模。此處以元大台灣50（0050）示範。

資料來源：MoneyDJ

搞懂ETF類型
規畫獲利藍圖

2-1 台股ETF》不用燒腦選股 小錢也能買績優標的

隨著投資 ETF（指數股票型基金）的熱度愈來愈夯，近年來，不論是在 ETF 的數量或種類上，都有顯著的增加。不過，提到投資台股的股票型 ETF，大致上又分為傳統的市值型 ETF、產業型 ETF，以及加入「Smart Beta」因子的 Smart Beta 型 ETF，其中，常見的 Smart Beta 型 ETF 包含永續（ESG）型 ETF 與高息型 ETF。不同類型 ETF 的詳細內容，我們會在後續章節中一一介紹。至於各種台股 ETF 又有哪些特色，分析如下：

市值型ETF》根據市值排名篩選出成分股名單

市值型 ETF 是台灣問世最早、歷史最悠久的 ETF，其選股邏輯是根據個股的市值進行篩選，並且再給予特定的加權，也就是常聽到的「市值加權」，因此才被稱為市值型。市值型 ETF 在報酬表現上有個特點，就是它的整體報酬會盡可能貼近所追蹤的指數；換句話

圖1　0050的報酬與加權報酬指數有高度相關性

——0050與加權報酬指數績效比較

單位：%

- 元大台灣 50
- 加權報酬指數

註：統計時間為 2003.06.30 ～ 2021.06.30
資料來源：MoneyDJ

説，績效不會有特別好或特別差的情形發生。在台股 ETF 中，最典型的市值型 ETF，同時也是台灣第 1 檔 ETF，就是元大台灣 50（0050）！

　元大台灣 50 的全名為「元大台灣卓越 50 證券投資信託基金」，是台股 ETF 中最廣為人知的市值型 ETF，它所追蹤的指數是台灣 50 指數，就是從台灣上市企業中挑選出「市值前 50 大」的企業作為成分股，並且給予特定的權重所組成。由於成分股皆為台灣的中大

表1　0050是台灣首檔市值型ETF，成立至今已18年

代號	名稱	上市櫃時間	追蹤指數
0050	元大台灣 50	2003.06.30	台灣 50 指數
0051	元大中型 100	2006.08.31	台灣中型 100 指數
0055	元大 MSCI 金融	2007.07.16	MSCI 台灣金融指數
0057	富邦摩台	2008.02.27	MSCI 台灣指數
006201	元大富櫃 50	2011.01.27	富櫃 50 指數
006203	元大 MSCI 台灣	2011.05.12	MSCI 台灣指數
006204	永豐臺灣加權	2011.09.28	加權股價指數
006208	富邦台 50	2012.07.17	台灣 50 指數
00733	富邦臺灣中小	2018.05.17	中小型 A 級動能 50 指數

註：1. 元大台灣 50 從 2017 年開始改為半年配；2. 元大富櫃 50 為上櫃，其餘為上市

型企業，和加權股價指數（大盤）的連動性高，因此也常被拿來當作市場趨勢的觀測指標之一。我們就來看看，以長期報酬績效來看，0050 的表現是否真能貼近大盤，兩者是否具有高度的連動性？

2021 年是 0050 成立的第 18 年，檢視 0050 從上市當天（2003年 6 月 30 日）至今年 6 月 30 日止，和加權報酬指數（納入股息的「含息報酬」）的長期報酬後發現，兩者的表現相差無幾，甚至

──市值型ETF介紹

成分股篩選方法	配息頻率
市值排名前 50 大公司	半年配
市值排名第 51 大～ 150 大的公司	年配
以市值高的台灣大型金融類股為主要成分股	年配
納入 MSCI 的成分個股	年配
上櫃市值排名前 50 大公司	年配
納入 MSCI 之成分個股	半年配
所有上市公司依權重篩選	年配
市值排名前 50 大公司	半年配
具超額報酬之中小型股	半年配

資料來源：台灣證券交易所、各大投信

有些區間，兩者幾乎是重疊；也就是説，0050在長期報酬的表現上，雖然和大盤沒有完全一致，但是有高度的相關性（詳見圖1）。

在台股 ETF 中，除了有以大型股為成分股的 ETF 之外，也有投資中型股、中小型股或金融類股的市值型 ETF（詳見表 1），這些市值型 ETF 都有配息的設計，多半為年配和半年配。根據成分股的不同，市值型 ETF 又可以劃分成：

表2 **追蹤相同指數的ETF，報酬表現通常非常接近**

◎0050與006208比較

名稱（股號）	元大台灣50（0050）	富邦台50（006208）
上市時間	2003.06.30	2012.07.17
經理費（%）	0.320	0.150
保管費（%）	0.035	0.035
收益分配	半年配	半年配
前3大產業比重（%）	半導體（58.31） 金融保險（11.47） 其他電子（4.43）	半導體（58.63） 金融保險（11.53） 其他電子（4.46）
前5大成分股比重（%）	台積電（47.11） 聯發科（4.69） 鴻　海（4.41） 台達電（2.16） 聯　電（2.04）	台積電（47.22） 聯發科（4.56） 鴻　海（4.45） 聯　電（2.28） 台達電（2.10）
近3年含息累積報酬率（%）	66.45	66.37
近5年含息累積報酬率（%）	135.28	136.74
近8年含息累積報酬率（%）	187.29	188.56

註：統計時間為2021.08.11　　資料來源：MoneyDJ、各大投信

分類1》成分股以「中大型股」為主

在成分股中，同時包含大型權值股和中型潛力股的ETF，有0050、0057、006203和006208，其中，0050和006208追蹤同一個指數，而0057和006203也追蹤同一指數。基本上，追蹤同一個指數的ETF，在成分和比重上會非常接近。接下來我們

◎0057與006203比較

名稱（股號）	富邦摩台（0057）	元大MSCI台灣（006203）
上市時間	2008.02.27	2011.05.12
經理費（％）	0.150	0.300
保管費（％）	0.035	0.035
收益分配	年配	半年配
前3大產業比重（％）	半導體（53.52） 金融保險（11.15） 其他電子（4.64）	半導體（54.33） 金融保險（11.25） 其他電子（4.70）
前5大成分股比重（％）	台積電（42.51） 鴻　海（4.08） 聯發科（4.07） 台達電（2.02） 聯　電（1.66）	台積電（43.28） 聯發科（4.27） 鴻　海（4.12） 聯　電（1.85） 台達電（1.75）
近1年含息累積報酬率（％）	30.63	30.30
近3年含息累積報酬率（％）	64.22	65.48
近5年含息累積報酬率（％）	123.25	128.42

就來檢視這4檔ETF的實際持股，是否真的是如此？從表2可知，0050和006208這2檔ETF，因為追蹤的指數相同，而且成分股與比重非常接近，所以常被視為孿生兄弟，而富邦台50因此還被稱為「小0050」。接著，我們再來檢視0057和006203是不是也有相同的狀況呢？

0057 和 006203 在持股內容和比重上,甚至在報酬上,同樣也是差異不大。不過,即使追蹤同一個指數,而且在成分股、報酬上都會非常接近,可是,由於每檔 ETF 的內扣費用、市值規模等數值,或多或少都會有些差異,因此,投資人最好多加比較。

分類 2》成分股以「中型股」為主

市值型 ETF 中,成分股以中型股為主的是元大中型 100(0051),它是台灣第 2 檔成立的股票型 ETF。有別於 0050 是挑選市值前 50 大的企業,0051 的成分股是由市值第 51 名至第 150 名的公司所組成,也就是買進市場中的 100 檔中型股。

因為指數設計的關係,讓 0051 的持股產業非常分散,投資範圍囊括各大產業,所以能達到分散風險的目的;在收益分配上,0051 是屬於年配息(每年 10 月的最後一個日曆日交易日進行基金評價),而且目前已經連 12 年配發現金股利(詳見表 3)。

分類 3》成分股以「中小型股」為主

成分股中以中小型股為標的的 ETF,分別為 00733 和006201。00733 所追蹤的指數為「中小型 A 級動能 50 指數」,該指數所篩選的成分股一樣是剔除市值前 50 大的股票,並且加入「流動性檢驗」,也就是最近 12 個月成交量大,最近 3 個月周轉

表3 0051為年配息，且已連12年配發現金股利
——0051基本資料與報酬

名稱（股號）	元大中型 100（0051）
上市時間	2006.08.31
經理費（%）	0.400
保管費（%）	0.035
收益分配	年配
前 3 大產業比重（%）	電子零組件（13.00） 電腦周邊（11.74） 金融保險（11.09）
前 5 大成分股比重（%）	開發金（2.88） 智　邦（2.78） 群　創（2.75） 欣　興（2.61） 永豐金（2.29）
近 3 年含息累積報酬率（%）	52.89
近 5 年含息累積報酬率（%）	106.31
近 10 年含息累積報酬率（%）	85.80

註：統計時間為 2021.08.11　　資料來源：MoneyDJ、各大投信

率要高（≥6%），同時未來能有機會獲取超額報酬的中小型股為主，共計有 50 檔中小型股。而 006201 則是從上櫃股票中，選出市值前 50 人的企業，因為是上櫃的關係，所以市值規模會比上市的股票來得更小（詳見表 4）。

產業型ETF》以單一或特定產業為投資對象

除了市值型 ETF 之外,還有另一類是產業型 ETF,它指的是針對台股中單一或特定產業進行投資,也就是成分股多半集中在某個產業上,例如:科技類股、金融類股等。不過,產業型 ETF 因為持股集中在單一產業的關係,價格起伏與該產業有著高度關聯性。相對市值型 ETF,持股橫跨多個產業的產業型 ETF 將更高。

產業型 ETF 適合對特定產業或主題趨勢有偏好的投資人,舉例來說,在所有產業中看好科技趨勢的發展,甚至是次科技產業(例如:半導體等),可是卻不知買什麼標的,此時投資產業型 ETF 就是最理想的方式。在台灣,科技相關產業/主題是產業型 ETF 中占比最大,而且投資區域也不僅限於台股,關於更多詳盡的介紹,我們會在後續的章節中進行探討。

Smart Beta型ETF》成分股納入獨特的選股因子

除了市場上常見的市值型 ETF、產業型 ETF 之外,投資人可能還聽過高息型 ETF、ESG 型 ETF。它們有別於傳統的市值型 ETF,主要是因為它們納入了「Smart Beta」因子,所以才與市值型 ETF 有所不同。

表4 **00733與006201的前3大產業皆有半導體**

——00733與006201比較

名稱（股號）	富邦臺灣中小 （00733）	元大富櫃 50 （006201）
上市櫃時間	2018.05.17	2011.01.27
經理費（%）	20 億元（含）以下：0.40 20 億元～50 億元（含）：0.34 50 億元以上：0.30	100 億元（含）以下：0.40 100 億元～300 億元（含）：0.34 300 億元以上：0.30
保管費（%）	0.035	0.035
收益分配	半年配	年配
前 3 大產業 比重（%）	鋼鐵（24.48） 電子零組件（20.21） 半導體（20.18）	半導體（62.20） 生技醫療（10.56） 光電（5.03）
前 5 大成分股 比重（%）	大成鋼（8.62） 台光電（8.09） 永豐餘（6.50） 景　碩（6.02） 台　郡（5.08）	環球晶（10.67） 穩　懋（8.69） 世　界（6.29） 譜瑞-KY（5.60） 中美晶（5.54）
今年以來含息 累積報酬率（%）	67.89	25.57
近 1 年含息 累積報酬率（%）	32.45	27.07
近 3 年含息 累積報酬率（%）	N/A	31.64

註：1. 統計時間為 2021.08.11；2. 富邦臺灣中小為上市 ETF、元大富櫃 50 為上櫃 ETF
資料來源：MoneyDJ、各大投信

傳統的市值型 ETF 屬於「被動式管理」的投資工具，因此，相對於共同基金（又稱為主動式基金）而言，ETF 又被稱作「被動式基金」。最主要的差別在於，ETF 的經理人不會主動選股，指數的成分股即為 ETF 的選股標的，其操作重點並非打敗指數，而是追蹤指數績效，因此，傳統型 ETF 的走勢和績效會盡可能貼近指數，讓投資人安心，也就是穩定地獲取和指數相當的報酬，而加入 Smart Beta 因子的 Smart Beta 型 ETF 就不太一樣。

因為市場中有很多影響指數表現的因子，而 Smart Beta 指的就是市場中那些有價值的因子，投資人可以透過那些因子來達到特定目標，甚至是獲取贏過指數的「超額報酬」（詳見表 5 ）。

我們用個實例來解釋，請大家回憶一下過往的求學經驗。在台灣，學生在高中考大學的階段，多數時候必須經歷過「填寫志願」這個過程，這個過程最重要的就是得留意各校系所在分數上的規定。一般來説，不同系所會依照指定科目給予特定的加權，最後再用這些標準，挑出適合的學生。

而用這種依原始分數再給予特定權重做計算所得出來的名單，就像是市值型 ETF，其中，指數就像是各校系所所設定的入學門檻，不同的指數就像是不同的系所的入學規定，門檻設定不同，所選出

表5　Smart Beta型ETF兼顧主動管理與被動執行
——市值型ETF和Smart Beta型ETF比較

項目	市值型 ETF	Smart Beta 型 ETF
投資標的	追蹤指數	追蹤指數
投資性質	被動執行	主動管理＋被動執行
投資目標	追求平均報酬	追求超額報酬

來的學生組成也會不同。而 ETF 經理人就像是系所的招生人員，無須一個一個篩選學生或進行資格比對，只要透過入學門檻的設定條件，就能找出符合條件的學生。

　　而 Smart Beta 就像是學校系所在設定入學門檻時，除了針對特定科目做加權之外，還加入了一些額外的條件，例如：著重在非傳統學科成績的系所，可能會加入像是過去的個人參賽資歷、科展，或特定項目的評鑑指標，而這些新增的門檻，往往難以用量化加權的方式進行系統自動判別，而必須透過人工的方式親自下來做評鑑。這些新加入的元素就是 Smart Beta，也就是「Smart Beta」加入了主動性的特色──ETF 不只要被動執行，更要主動將那些能獲得超額報酬的因子，納入指數的篩選邏輯中。

圖2 市場中常見的Smart Beta因子共有6大類
——Smart Beta因子介紹

高殖利率

高股息

ESG

Smart Beta
因子

超額報酬

低波動

高成長

台灣市場中常見的 Smart Beta 因子有 6 種（詳見圖 2）。不過，Smart Beta 因子並非只有 6 種，其他還有「品質」（例如：收益率）、「價值」（例如：現金流）等類型，此處僅列出常見的種類。

除此之外，在 ETF 的分類標準上，其實也沒有硬性的分類方式，有些 ETF 可能不只有一種 Smart Beta 因子，例如：國泰永續高股息（00878），兼具了「高息」和 ESG 兩種特色；元大台灣高息低波（00713）即是主打以股價低波動和配發高息這兩者為特色的 ETF。而這些兼具 1 種以上的 Smart Beta 因子的 ETF，近年來在

ESG代表環境保護、社會責任與公司治理
——ESG的含意與説明

含意	説明
E 環境保護 （ environment ）	環境汙染防治與控制，例如：溫室氣體的排放、汙水管理、生物多樣性等
S 社會責任 （ social ）	客戶福利、勞工關係、多樣化與共融等受產業影響之利害關係人等面向
G 公司治理 （ governance ）	商業倫理、競爭行為、供應鏈管理等與公司穩定度、聲譽相關等

數量上也有愈來愈多的趨勢。接下來我們就以台股中，深受不少投資人青睞，同時擁有高人氣的 2 種 Smart Beta 型 ETF ——永續型 ETF 與高息型 ETF 進行説明。

種類 1》永續型 ETF

永續型 ETF 又被稱為 ESG 型 ETF，主要是在指數中加入了 ESG 這種 Smart Beta 因子。ESG 分別為環境保護（Environment）、社會責任（Social），以及公司治理（Governance）等 3 個英文字的縮寫（詳見表 6）。

表7 除了財報表現，ESG型ETF更著重企業的責任和管理

代號	ETF 名稱	上市櫃時間	追蹤指數
00692	富邦公司治理	2017.05.17	台灣證交所公司治理 100 指數
00850	元大臺灣 ESG 永續	2019.08.23	台灣永續指數
00878	國泰永續高股息	2020.07.20	MSCI 臺灣 ESG 永續高股息精選 30 指數
00888	永豐台灣 ESG	2021.03.31	富時台灣 ESG 優質指數
00894	中信小資高價 30	2021.08.13	台灣指數公司特選小資高價 30 指數

註：1 永豐台灣 ESG 為上櫃，其餘為上市；2. 本表根據上市櫃時間排序

在過去，一般來說，企業會以追求自身利益的極大化，例如：追求成長、營收為最大目的，在這個過程中可能會有破壞環境、壓迫勞工等情事發生，而投資人在投資一家公司時卻只能看到財報上的數字，看不到公司成長背後很有可能是用極大的社會成本換來的。因此，市場中出現了以 ESG 為主的投資概念——去投資那些在追求獲利、成長的同時，還能兼顧環境保護、社會責任，以及公司治理的企業。

──ESG型ETF介紹

成分股篩選方法	配息頻率
公司治理評鑑前 20%	半年配
符合 ESG 標準之個股	年配
1. 符合 ESG 標準 2. 高殖利率之個股	季配
1. 精選 ESG 評分最佳 2. 高殖利率之個股	季配
1. 公司治理評鑑前 50% 2. 股價大於 200 元 3. 零股成交額前 50% 4. 獲利能力：稅後淨利為正、ROE 或股利成長前 50%	季配

資料來源：各大投信

　　而 ESG 在近幾年的全球投資市場中，有逐漸成為主流的趨勢，但是，ESG 並非一項新的投資概念，早在 2004 年，聯合國全球盟約（UNGC）就曾提出過，而 ESG 投資又常被視為永續投資。不過，要留意的是，目前國際上並沒有統一的 ESG 評鑑標準，而各種 ESG 型 ETF 所用的評鑑標準也不盡相同，市場上比較常見的像是用 MSCI、晨星等 ESG 評鑑系統。不過，雖然評鑑方式不同，但是大都離不開環境保護、社會責任和公司治理的範疇。

代號	ETF 名稱	上市櫃時間	追蹤指數
0056	元大高股息	2007.12.26	台灣高股息指數
00701	國泰股利精選 30	2017.08.17	台灣指數公司低波動股利精選 30 指數
00713	元大台灣高息低波	2017.09.27	台灣指數公司特選高股息低波動指數
00730	富邦臺灣優質高息	2018.02.08	道瓊斯台灣優質高股息 30 指數
00731	FH 富時高息低波	2018.04.20	富時台灣高股息低波動指數
00878	國泰永續高股息	2020.07.20	MSCI 台灣 ESG 永續高股息精選 30 指數

表8 高息型ETF的成分股主打高配息與低波動

資料來源：各大投信

　　廣義來說，只要符合 E、S、G 三個層面中的任一種面向，通常就會被歸納是 ESG 的投資範疇。例如：富邦公司治理（00692）和中信小資高價30（00894）這2檔ETF，追蹤指數的成分股皆以「公司治理」為篩選標準，而被納進 ESG 型 ETF，其餘的 ETF 則是以多元化的面向來做 ESG 評鑑。台灣上市櫃 ETF 中，屬於 ESG 型 ETF 的大致有 5 檔（詳見表7）。因為 ESG 逐漸受到全球投資人的重視，所以台灣近年來 ESG 型 ETF 數量也有日益增加的趨勢。

──高息型ETF介紹

成分股篩選方法	配息頻率
從市值前 150 大的個股，以高殖利率等條件篩選	年配
低波動穩定配息之藍籌股	半年配
從市值 250 大中，以高股息低波動條件篩出成分股	年配
市值 100 億以上、連續配息 5 年等條件篩選成分股	年配
市值前 150 大篩選符合高股息低波動之成分股	年配
以 MSCI 台灣指數成分為篩選母體，符合 ESG 評鑑、高殖利率等條件	季配

種類 2》高息型 ETF

顧名思義就是能配發現金股利，而且股利還以「配得高」為主打特色的 ETF，在台灣上市櫃中以高股息為特色的 ETF，大致上有 6 檔（詳見表 8）。因為高息型 ETF 主打以配息頻率較高、股利發放較多為特色，所以也是它們在市場上能深受不少投資人青睞的原因。更多關於高息型 ETF 的內容，例如：指數特色、配息金額與填息狀況、報酬表現等，都會在後續章節中解析。

2-2 海外ETF》免開複委託 就能掌握全球投資契機

2-1 介紹了台灣上市櫃的國內成分股 ETF，但是，如果你不滿足於投資國內市場，而想要放眼國際，參與國外市場的話，就可以考慮投資有在台灣上市櫃的海外 ETF（包含國外成分股 ETF、連結式 ETF，以及境外 ETF）。

或許有人會問，如果要投資國外市場的話，為什麼不利用複委託，或者直接開設海外券商帳戶呢？你當然可以這麼做，但是，複委託的手續費相對昂貴（0.5%～1%），而且需要先入金才能進行買賣，而開立海外券商帳戶則是在操作手續上比較麻煩，一旦海外券商惡意倒閉，國內是沒有法規可以幫助投資人。

與之相比，投資國外成分股 ETF、連結式 ETF 和境外 ETF，除了手續費相對便宜之外（上限為 0.1425%），其交易方式與一般的股票買賣相同，只需要在 T＋2 日以前將錢匯入帳戶即可，因此是相

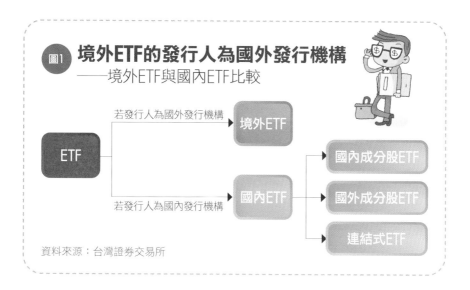

圖1 **境外ETF的發行人為國外發行機構**
──境外ETF與國內ETF比較

ETF ──若發行人為國外發行機構──→ 境外ETF

ETF ──若發行人為國內發行機構──→ 國內ETF ──→ 國內成分股ETF

國外成分股ETF

連結式ETF

資料來源:台灣證券交易所

對簡便的投資方式。接下來,我們就來幫各位投資人介紹,目前在
台灣上市櫃的國外成分股 ETF、連結式 ETF 和境外 ETF 有哪些,讓
大家在投資上能多一點選擇(詳見圖 1)。

國外成分股ETF》成分股中含有國外股票

國外成分股 ETF 是指由國內投信業者依據《證券投資信託基金
管理辦法》募集發行,而且標的指數成分股包含國外股票的 ETF。
目前台灣上市櫃的國外成分股 ETF 共 24 檔(不計加掛外幣受益憑
證之國外成分股 ETF、連結式 ETF、境外 ETF、科技類 ETF 和 REITs

ETF），其中，投資於中國的有 12 檔、投資於美國的有 4 檔、投資於日本的有 3 檔、投資於歐洲的有 2 檔、投資於印度的有 1 檔、投資於越南的有 1 檔、投資於新興市場的有 1 檔（詳見圖 2）。

投資區域 1》中國

投資於中國的國外成分股 ETF 共有 12 檔，皆為上市 ETF，不過，各檔 ETF 所追蹤的指數都不太一樣。舉例來說，國泰中國A50（00636）所追蹤的是富時中國 A50 指數、國泰中國 A150（00743）所追蹤的是富時中國 A150 指數、FH 滬深（006207）所追蹤的是滬深 300 指數、富邦中証 500（00783）所追蹤的是中証小盤 500 指數、元大上證 50（006206）所追蹤的是上證 50 指數、富邦上証（006205）所追蹤的是上証 180 指數、富邦深 100（00639）所追蹤的是深証 100 指數、群益深証中小（00643）所追蹤的是深証中小板指數、富邦恒生國企（00700）所追蹤的是恒生中國企業指數、台新 MSCI 中國（00703）所追蹤的是 MSCI 中國指數、中信中國 50（00752）所追蹤的是 MSCI 中國外資自由投資 50（不含 A 與 B 股指數）、元大 MSCI A 股（00739）所追蹤的是 MSCI 中國 A 股國際通指數。

看到這裡投資人是否覺得眼花撩亂呢？別擔心，其實你只要記住：若是你想要投資涵蓋整個中國市場的 A 股（包含上海證交所與深圳

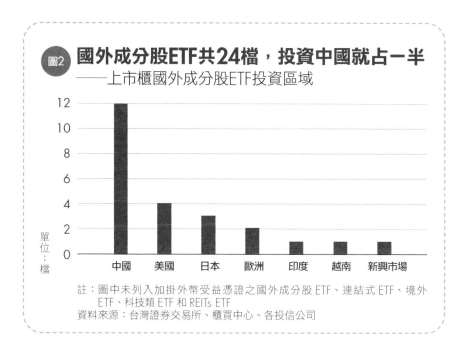

圖2 國外成分股ETF共24檔，投資中國就占一半
——上市櫃國外成分股ETF投資區域

單位：檔

（圖表縱軸：0、2、4、6、8、10、12）
（橫軸：中國、美國、日本、歐洲、印度、越南、新興市場）

註：圖中未列入加掛外幣受益憑證之國外成分股ETF、連結式ETF、境外
　　ETF、科技類ETF和REITs ETF
資料來源：台灣證券交易所、櫃買中心、各投信公司

證交所掛牌的Ａ股），就投資國泰中國A50、國泰中國A150、FH滬深、富邦中証500這4檔；若是你只想投資上海市場的Ａ股，則投資元大上證50和富邦上証這2檔；若是你只想投資深圳市場的Ａ股，則投資富邦深100或群益深証中小這2檔；若是你只想投資有在香港或美國上市的中國企業，可以考慮富邦恒生國企、台新MSCI中國和中信中國50這3檔；若是你對透過中港股票市場交易互聯互通機制（例如：滬港通、深港通）買賣的大型市值Ａ股有興趣，則可以考慮投資元大MSCI Ａ股（詳見表1）。

表1 有3檔中國ETF投資於「在港或美上市」的陸企

投資標的	中國 A 股（包含上海證交所、深圳證交所）	
股號	00636	00743
ETF 名稱	國泰中國 A50	國泰中國 A150
追蹤指數	富時中國 A50 指數	富時中國 A150 指數
指數編製特色	指數內容為上海證交所與深圳證交所掛牌交易的 A 股中，規模大、流動性好的 50 檔最具代表性的股票	指數內容為上海證交所與深圳證交所掛牌交易 A 股中，經流通市值調整後的第 51 到第 200 大市值之企業

投資標的	上海市場 A 股	
股號	006206	006205
ETF 名稱	元大上證 50	富邦上証
追蹤指數	上證 50 指數	上証 180 指數
指數編製特色	指數內容為上海證交所掛牌交易 A 股中，規模大、流動性好的 50 檔最具代表性的股票	指數內容為上海證交所掛牌交易 A 股中，規模大、流動性好的 180 檔最具代表性的股票

投資標的	有在香港或美國上市的中國企業	
股號	00700	00703
ETF 名稱	富邦恒生國企	台新 MSCI 中國
追蹤指數	恒生中國企業指數	MSCI 中國指數
指數編製特色	指數內容為追蹤在香港上市的中國企業表現，並且取大型股作為代表	指數內容為追蹤中國於香港、美國掛牌之公司表現（2018 年起包含中國 A 股）

資料來源：台灣證券交易所

──中國ETF比較

中國 A 股（包含上海證交所、深圳證交所）	
006207	00783
FH 滬深	富邦中証 500
滬深 300 指數	中証小盤 500 指數
指數內容為上海證交所與深圳證交所掛牌交易 A 股中，規模大、流動性好的最具代表性的 300 檔股票	指數內容為在上海證交所與深圳證交所上市 A 股中，一批中小市值公司的股票

深圳市場 A 股	
00639	00643
富邦深 100	群益深証中小
深証 100 指數	深証中小板指數
指數內容為深圳市場中，市值最大、成交量最活躍的前 100 檔股票	指數內容為深圳中小企業板中，市值規模和流動性綜合排名前 100 檔的 A 股股票

有在香港或美國上市的中國企業	滬港通、深港通等機制進行買賣
00752	00739
中信中國 50	元大 MSCI A 股
MSCI 中國外資自由投資 50（不含 A 與 B 股指數）	MSCI 中國 A 股國際通指數
指數內容主要包含中國企業在美國上市的 ADR 與在香港上市的 H 股	指數成分包括來自 MSCI 中國全股指數，透過中港股票市場交易互聯互通機制（例如：滬港通、深港通）買賣的大型市值 A 股，經市值與流動性等條件篩選而得

金融和核心消費為中國ETF偏愛的產業配置
──中國ETF的產業配置

主要產業配置	相關中國 ETF
金融和核心消費	富邦上証、國泰中國 A50、元大上證 50、FH 滬深、元大 MSCI A 股
非核心消費／循環性消費	富邦恒生國企、台新 MSCI 中國和中信中國 50
資訊技術、工業和核心消費	富邦深 100
資訊技術、工業和金融	國泰中國 A150
原材料、工業和資訊技術	富邦中証 500
科技、耐久財消費和民生消費	群益深証中小

註：本表僅列出前 2 大或前 3 大產業配置
資料來源：各投信公司

此外，若你單純看好中國企業的潛力，不是很在意公司是在上海、深圳、香港或美國掛牌的話，也可以就各檔中國 ETF 的產業配置來考慮。舉例來說，富邦上証、國泰中國 A50、元大上證 50、FH 滬深和元大 MSCI A 股等 5 檔中國 ETF 的產業配置是以中國平安、招商銀行、興業銀行、中國中免、貴州茅台、五糧液等「金融和核心消費」為主；富邦恒生國企、台新 MSCI 中國和中信中國 50 等 3 檔中國 ETF 則是以騰訊、阿里巴巴、京東、美團等「非核心消費／循環性消費」為主。

表3	富邦恒生國企的相關費用最便宜，僅0.68%

——中國ETF規模與相關費用比較

股號	ETF 名稱	基金規模（億元）	經理費（％）	保管費（％）
006205	富邦上証	57.96	0.99	0.10
00752	中信中國 50	41.03	0.99	0.18
00636	國泰中國 A50	38.32	0.95	0.10
00639	富邦深 100	22.78	0.99	0.10
00643	群益深証中小	19.28	0.95	0.13
006206	元大上證 50	15.25	0.99	0.10
006207	FH 滬深	13.33	0.75	0.10
00739	元大 MSCI A 股	12.70	0.70	0.10
00783	富邦中証 500	3.00	0.99	0.10
00703	台新 MSCI 中國	2.02	0.90	0.20
00743	國泰中國 A150	1.96	0.90	0.10
00700	富邦恒生國企	1.14	0.50	0.18

註：統計時間為 2021.06.30，最新資料以各投信公司公告為準
資料來源：各投信公司

　　在剩下４檔中國ETF的產業配置中，富邦深 100 是以「資訊技術、工業和核心消費」為主；國泰中國 A150 是以「資訊技術、工業和金融」為主；富邦中証 500 則是以「原材料、工業和資訊技術」為主；群益深証小小則是以「科技、耐久財消費和民生消費」為主（詳見表２）。

另外，在挑選 ETF 時，也別忘了關注它們的規模和相關費用（例如：經理費、保管費等）。ETF 規模大表示參與這檔 ETF 的人較多，代表 ETF 的流動性較好；相關費用高則會影響到 ETF 的績效表現，因此，相關費用是愈低愈好。

從 12 檔中國 ETF 來看，規模最大的是富邦上証的 57 億 9,600 萬元，其次為中信中國 50 的 41 億 300 萬元，第 3 名為國泰中國 A50 的 38 億 3,200 萬元。就經理費來看，多數介於 0.9% ～ 0.99% 之間，其中費用較低的有 3 檔，分別是 FH 滬深的 0.75%、元大 MSCI A 股的 0.7%、富邦恒生國企的 0.5%。

就保管費來看，這 12 檔中國 ETF 中，多數是收取 0.1%，只有 4 檔的保管費稍高，分別是群益深証中小的 0.13%、中信中國 50 的 0.18%、富邦恒生國企的 0.18%，以及台新 MSCI 中國的 0.2%（詳見表 3）。

投資區域 2》美國

投資於美國的國外成分股 ETF 共有 4 檔，分別是元大 S&P 500（00646）、富邦 NASDAQ（00662）、國泰美國道瓊（00668）和永豐美國 500 大（00858），前 3 檔為上市 ETF、最後 1 檔為上櫃 ETF（詳見表 4）。

表4 **美國ETF以投資美國的大型股或強勢股為主**
——美國ETF比較

股號	00646	00662	00668	00858
ETF 名稱	元大 S&P500	富邦 NASDAQ	國泰美國道瓊	永豐美國500 大
追蹤指數	標普 500 指數	NASDAQ-100指數	道瓊工業平均指數	STOXX 美國 500 股票指數
指數編製特色	涵蓋 500 家美國優質大型股	代表 NASDAQ交易所非金融市值前 100 大公司	精選標普500 指數中最優質的30 檔強勢個股	市值最大的美國500 大企業
主要產業配置	資訊技術、醫療保健、非日常生活消費品	資訊技術、通訊服務、非核心消費	資訊技術、醫療保健、工業	軟體、網路、醫療保健
基金規模（億元）	58.54	19.58	5.41	6.48
經理費（％）	0.30	0.30	0.45	0.35
保管費（％）	0.21	0.21	0.18	0.21

註：1. 統計時間為 2021.06.30，最新資料以各投信公司公告為準；2. 本表僅列出前 3 大產業配置
資料來源：台灣證券交易所、櫃買中心、各投信公司

就其所追蹤的指數來看，元大 S&P 500 追蹤的是標普 500 指數、永豐美國 500 大追蹤的是 STOXX 美國 500 股票指數，兩者都是以美國大型股為主，可是標普 500 指數是經由規模、流動性和獲利性等綜合考量所挑出的大型股，而 STOXX 美國 500 股票指數則是囊括美國市值前 500 大的企業。

富邦 NASDAQ 追蹤的那斯達克 100 指數，以美國最大型本地與國際非金融類上市公司為主，其中約有半數投資在美國的科技股。國泰美國道瓊追蹤的道瓊工業平均指數，則包括美國最大、最知名的 30 家上市公司，其中多為傳產類股。

簡單來說，若你想要挑選各方面都有一定水準的美國大型股，就可以考慮元大 S&P 500；若你只是單純以市值大小為考量，就可以選擇永豐美國 500 大；若你對美國傳產類股比較感興趣的話，就可以選擇國泰美國道瓊；若你對美國科技類股比較有興趣的話，則可以選擇富邦 NASDAQ。

不過，雖然 4 檔美國 ETF 追蹤的指數不同，但是，其產業配置皆是以資訊技術／軟體等為主，而且這 4 檔美國 ETF 的前 10 大持股皆有微軟（Microsoft）、蘋果（Apple）、臉書（Facebook）、Google 的母公司——字母公司（Alphabet）等美國大型藍籌股。

就 ETF 規模來看，這 4 檔美國 ETF 由大到小分別為元大 S&P500 的 58 億 5,400 萬元、富邦 NASDAQ 的 19 億 5,800 萬元、永豐美國 500 大的 6 億 4,800 萬元、國泰美國道瓊的 5 億 4,100 萬元。就經理費方面，元大 S&P500 和富邦 NASDAQ 都是 0.3%、永豐美國 500 大是 0.35%、國泰美國道瓊是 0.45%。至於保管費方面，只有國泰美國道瓊是 0.18%，其他 3 檔都是 0.21%。

投資區域 3》日本

投資於日本的國外成分股 ETF 共有 3 檔，分別是富邦日本（00645）、國泰日經 225（00657）和元大日經 225（00661），3 檔皆為上市 ETF。

就其所追蹤的指數來看，富邦日本追蹤的是東証股價指數，而國泰日經 225 和元大日經 225 追蹤的是日經 225 指數。簡單來說，如果你想要布局整個東京股市，那就投資富邦日本，若你只對東京股市中的藍籌股有興趣，就可以考慮國泰日經 225 或元大日經 225。此外，就產業配置而言，這 3 檔日本 ETF 的產業配置都是以「工業、非核心消費和資訊技術」為主，差別不大。

至於 ETF 規模方面，3 檔日本 ETF 規模都在 5 億元以下，其中，富邦日本是 4 億 3,200 萬元、元大日經 225 是 2 億 1,400 萬元、

日本ETF的主要產業配置以非核心消費為主
—— 日本ETF比較

股號	00645	00657	00661
ETF 名稱	富邦日本	國泰日經 225	元大日經 225
追蹤指數	東証股價指數	日經 225 指數	日經 225 指數
指數編製特色	涵蓋日本東京證交所上市一部所有股票	涵蓋日本東京證交所上市一部225 檔流動性最佳之公司	涵蓋日本東京證交所上市一部225 檔流動性最佳之公司
主要產業配置	工業、非核心消費、資訊技術	非核心消費、資訊技術、工業	非核心消費、工業、資訊技術
基金規模（億元）	4.32	1.62	2.14
經理費（％）	0.50	0.45	0.50
保管費（％）	0.20	0.20	0.20

註：1. 統計時間為 2021.06.30，最新資料以各投信公司公告為準；2. 本表僅列出前 3 大產業配置

資料來源：台灣證券交易所、各投信公司

國泰日經 225 是 1 億 6,200 萬元。經理費方面，富邦日本和元大日經 225 皆為 0.5%，國泰日經 225 略低，為 0.45%；保管費方面，三者皆為 0.2%（詳見表 5）。

投資區域 4》歐洲

投資於歐洲的國外成分股 ETF 共有 2 檔，分別是元大歐洲 50

元大歐洲50主要投資於歐元區的藍籌股
表6
——歐洲ETF比較

股號	00660	00709
ETF 名稱	元大歐洲 50	富邦歐洲
追蹤指數	歐洲 STOXX50 指數	富時發展歐洲指數
指數編製特色	歐元區市值前 50 大上市公司，代表歐元區藍籌股之績效表現	追蹤歐洲已開發國家之中大型股票
區域配置	法國、德國和荷蘭等 6 國	英國、法國和德國等 16 國
主要產業配置	非日常生活消費品、資訊技術、工業	金融、工業、醫療保健
基金規模（億元）	2.63	2.00
經理費（％）	0.50	0.50
保管費（％）	0.24	0.29

註：1. 統計時間為 2021.06.30，最新資料以各投信公司公告為準；2. 本表僅列出前 3 大產業配置
資料來源：台灣證券交易所、各投信公司月報

（00660）和富邦歐洲（00709），2 檔都是上市 ETF。就它們所追蹤的指數來看，元大歐洲 50 追蹤的是歐洲 STOXX50 指數，而富邦歐洲追蹤的是富時發展歐洲指數；也就是說，若投資人想投資歐元區前 50 大藍籌股的話，可以考慮元大歐洲 50；若投資人是對歐洲已開發國家的中人型股較有興趣，就可以考慮富邦歐洲（詳見表 6）。

此外，就區域配置而言，元大歐洲50投資的歐洲國家數較少，只有6國（前3大為法國、德國和荷蘭），而富邦歐洲則有16國（前3大為英國、法國和德國）；就產業配置而言，元大歐洲50是以「非日常生活消費品、資訊技術和工業」為主，而富邦歐洲則以「金融、工業和醫療保健」為主。

至於ETF規模方面，2檔歐洲ETF的規模都在3億元以下，其中，元大歐洲50是2億6,300萬元、富邦歐洲是2億元。經理費方面，兩者皆為0.5%；保管費方面，元大歐洲50是0.24%、富邦歐洲則稍高，是0.29%。

投資區域5》印度

投資於印度的國外成分股ETF只有1檔上市ETF——富邦印度（00652），其規模4億6,200萬元，經理費0.99%、保管費0.26%（詳見表7）。

富邦印度追蹤的指數為NIFTY指數，是以印度國家證交所的藍籌股為主要投資標的。就其產業配置而言，是以「金融、資訊技術和能源」為主，前5大持股為：信實工業（Reliance Industries）、HDFC銀行（HDFC Bank）、印孚瑟斯（Infosys）、住房開發金融公司（HDFC）和印度工業信貸投資銀行（ICICI Bank）。

表7 **富邦印度的產業配置主要在金融與資訊技術**
——印度、越南與新興市場ETF介紹

股號	00652	00885	00736
ETF 名稱	富邦印度	富邦越南	國泰新興市場
追蹤指數	NIFTY 指數	富時越南 30 指數	富時新興市場（納入 A 股）指數
指數編製特色	從掛牌於印度國家證交所 NSE 的上市公司中，依股票流動性及市值等指標，篩選出 50 家公司作為指數成分股，成分股市值占 NSE 整體市值約 65%，可反映印度股票市場藍籌股的表現	考慮外資持股限制以及流動性後，選取胡志明證交所中市值最大的 30 檔藍籌股	由富時所定義之成熟新興市場、次級新興市場與中國 A 股中大型上市公司市值加權組成
主要產業配置	金融、資訊技術、能源	房地產、核心消費、金融	科技、金融、零售
基金規模（億元）	4.62	109.82	1.96
經理費（%）	0.99	0.99	0.50
保管費（%）	0.26	0.23	0.16

註：1. 統計時間為 2021.06.30，最新資料以各投信公司公告為準；2. 本表僅列出前 3 大產業配置；3. 國泰新興市場的基金月報未公布產業配置，此處是以富時新興市場（納入 A 股）指數的產業配置為主
資料來源：台灣證券交易所、各投信公司

印度是全球成長最快的新興經濟體之一。2020 年，在新冠肺炎衝擊下，印度是除了中國之外，在亞洲唯一外資淨買超的國家。此外，近年總理莫迪（Narendra Modi）致力於「印度製造」政策，除了將創造許多新的就業機會之外，亦有望增加印度國內的消費潛力。若投資人對於印度市場有興趣的話，可以考慮投資富邦印度。

投資區域 6》越南

投資於越南的國外成分股 ETF 只有 1 檔上市 ETF ──富邦越南（00885），規模 109 億 8,200 萬元，經理費 0.99%、保管費 0.23%（詳見表 7）。

富邦越南所追蹤的指數是富時越南 30 指數，是以越南股市前 30 大藍籌股為主要投資標的，因此，市場上也有投資人將它稱為「越南版的台灣 50」。就其產業配置而言，是以「房地產、核心消費和金融」為主。而其前 5 大持股分別為 Hoa Phat Group、Vingroup、Masan Group、Vinhomes 和清仁集團（No Va Land Investment Group）。

受到中美貿易戰供應鏈轉移影響，於全球大量簽署 FTA 的越南，已經逐漸映入投資人的眼簾。2020 年，越南在旺盛的勞動生產力與外資加持下，經濟規模已經正式超過新加坡和馬來西亞，躋身世

界第 40 大經濟體。與此同時，越南股市亦表現亮眼，2020 年漲幅高達 15%，在亞洲股市中排名第 5 名。許多人認為，越南有望成為下一個中國。若投資人看好越南市場的潛力，可以考慮投資富邦越南。

投資區域 7》新興市場

投資於新興市場的國外成分股 ETF 只有 1 檔上市 ETF ──國泰新興市場（00736），規模 1 億 9,600 萬元，經理費 0.5%、保管費 0.16%（詳見表 7）

國泰新興市場所追蹤的指數是富時新興市場（納入 A 股）指數，該指數是由富時所定義之成熟新興市場、次級新興市場與中國 A 股中大型上市公司市值加權組成。簡單來說，如果你對新興市場有興趣，卻又不知道該挑選哪個國家的 ETF，就可以用國泰新興市場將它們一網打盡。

就區域配置而言，國泰新興市場是以台灣、香港、印度、南非、泰國、巴西、墨西哥、馬來西亞、印尼、菲律賓、土耳其等新興市場國家為主。就其產業配置而言，是以「科技、金融和零售」為主，其前 5 大持股分別為台積電（2330）、騰訊、阿里巴巴、三星（Samsung）和 Lukoil OAO-SPON ADR。

表8 國外成分股ETF僅6檔有固定配息
——目前國外成分股ETF配息狀況

配息	ETF 名稱
年配	元大 S&P500、元大歐洲 50、元大日經 225、元大 MSCI A 股
半年配	國泰新興市場、永豐美國 500 大
無配息	富邦上証、元大上證 50、FH 滬深、國泰中國 A50、富邦深 100、富邦日本、群益深証中小、富邦印度、國泰日經 225、富邦 NASDAQ、國泰美國道瓊、富邦恒生國企、台新 MSCI 中國、富邦歐洲、國泰中國 A150、中信中國 50、富邦中証 500、富邦越南

註：1. 統計時間為 2021.06.30，最新資料以各投信公司公告為準；2. 本表未列入加掛外幣受益憑證之國外成分股 ETF、連結式 ETF、境外 ETF、科技類 ETF 和 REITs ETF
資料來源：各投信公司基金

　　以上就是國外成分股 ETF 的相關介紹。至於許多投資人關心的配息部分，上述 24 檔標的中，只有元大 S&P500、元大歐洲 50、元大日經 225、元大 MSCI A 股、國泰新興市場和永豐美國 500 大等 6 檔有配息，其他的皆無配息（詳見表 8）。

　　除了上述 24 檔國外成分股 ETF 之外，有些投資人可能發現，某些國外成分股 ETF 的代碼最後有一個「K」，例如：00625K、00636K 等，其實 K 代表的是「股票 ETF 加掛外幣受益憑證」。

股票ETF加掛外幣受益憑證的幣別以美元為主
——現有5檔股票ETF加掛受益憑證

股號	簡稱
00625K	富邦上証＋R（人民幣）
00636K	國泰中國 A50 ＋U（美元）
00643K	群益深証中小＋R（人民幣）
00657K	國泰日經 225 ＋U（美元）
00668K	國泰美國道瓊＋U（美元）

資料來源：台灣證券交易所

舉例來說，00625K 就是「富邦上証」加掛「人民幣受益憑證」、00636K 就是「國泰中國 A50」加掛「美元受益憑證」等。加掛人民幣受益憑證者會以「＋R」表示、加掛美元受益憑證者會以「＋U」表示，因此 00625K 可以寫成「富邦上証＋R（人民幣）」、00636K 可以寫成「國泰中國 A50 ＋U（美元）」。

目前台灣國外成分股ＥＴＦ有加掛外幣受益憑證的標的共有5檔（詳見表9），要注意的是，加掛外幣受益憑證的國外成分股 ETF 不能融資、融券、當沖、有價證券借貸和借貸款項等交易，而且由於它們的交易幣別是外幣，因此，投資人必須先在券商指定的外匯銀行

開立外幣存款帳戶、存入足夠的款項，並且簽具風險預告書後才能交易。

另外，比較特別的地方是，有加掛外幣受益憑證的國外成分股 ETF，可以和新台幣國外成分股 ETF 透過轉換機制進行互相轉換，但是，新台幣國外成分股 ETF 的融資買進與借入部位不得申請轉換。例如：購買「富邦上証＋R（人民幣）」的投資人，可以針對庫存或完成交割後的部位，向券商申請用 1：1 的比例和「富邦上証（新台幣）」進行轉換；反之，購買「富邦上証（新台幣）」的投資人也可以向券商申請轉換為「富邦上証＋R（人民幣）」。

還有一點要注意的是，加掛人民幣受益憑證的國外成分股 ETF，其交易單位和新台幣國外成分股 ETF 一樣，是每張 1,000 受益單位，而加掛美元受益憑證的國外成分股 ETF，其交易單位是每張 100 受益單位。

連結式ETF》將國外的ETF重新包裝後上市

連結式 ETF 是由國內投信公司所發行，並且主要投資於國外某一檔 ETF 的 ETF，目的是藉由重新包裝的方式，使台灣投資人能間接持有國外的 ETF。

圖3　境外ETF讓台灣投資人直接持有國外的ETF
——連結式ETF與境外ETF比較

連結式ETF	境外ETF
台灣投資人可以間接持有國外ETF	台灣投資人可以直接持有國外ETF

資料來源：台灣證券交易所

　　目前台灣僅有 1 檔連結式 ETF ——「元大寶滬深（0061）」，其基金規模 34 億 7,200 萬元、經理費 0.30%、保管費 0.10%。元大寶滬深連結標的為香港的「標智滬深 300 中國指數基金」，涵蓋上海與深圳的證交所中市值與流動性前 300 名之 A 股，其最近 1 年的累積報酬率為 29.07%。

境外ETF》已在國外掛牌的ETF，又在台上市

　　境外 ETF 是指該檔 ETF 已經在國外（第一上市地）發行，再由國內總代理人引進，在台灣第二上市。與連結式 ETF 可以間接持有國外的 ETF 相比，境外 ETF 則是讓台灣投資人直接持有國外的 ETF（詳見圖 3）。不過，因為境外 ETF 在第一上市地的掛牌價格較高，若

是以台灣人習慣的「1 張＝ 1,000 單位（股）」進行交易的話，價格可能會過高，所以它的交易單位會比照它在第一上市地的交易單位，例如：每張 100 單位或每張 200 單位。

目前台灣僅有 1 檔境外 ETF ── BP 上證 50（008201），它的交易單位是「每張 100 單位」，基金規模為港幣 4,180 萬元（資料統計至 2021.03.31）、管理費（含保管費）0.89%。BP 上證 50 所追蹤的指數是上證 50 指數，其前 5 大持股分別為貴州茅台、中國平安、招商銀行、興業銀行和恒瑞醫藥，其最近 1 年的累積報酬率為 44.3%。

2-3 高息型ETF》配息穩定 市場熱度持續竄升

　　台灣投資人熱愛配息，在目前市場中，只要是能配發股息、股利，往往就能擁有不錯的人氣。若投資人喜歡配息型的標的，不再只有傳統的主動式基金和個股可以選擇，近年來投資熱度不斷竄升的 ETF，大多數也都有定期配發股利的設計。

成分股篩選納入高息與高殖利率等選股因子

　　在 2-1 的章節中有提到「Smart Beta」選股因子，在眾多的股票型 ETF 中，有一群以配發高息、高殖利率為特色的 Smart Beta 型 ETF，又常被稱為「高息型 ETF」。

　　目前台灣上市櫃股票型 ETF 中，主要有 7 檔以「高息」為特色的 ETF（詳見表 1），分別為元大高股息（0056）、國泰股利精選 30（00701）、元大台灣高息低波（00713）、FH 富時高息低

波（00731）、富邦臺灣優質高息（00730）、國泰永續高股息（00878），以及中信中國高股息（00882）。

既然屬於高息型ETF，「配息」就會是它們的基本標配，就目前看來，7檔高息型ETF中，年配的ETF共有4檔、半年配的共有2檔，而00882是當中最年輕，同時也是唯一1檔投資陸股的高息型ETF；00878則是同時結合ESG與高息2種Smart Beta選股因子，也是高息型ETF中，唯一1檔季配息的Smart Beta型ETF。

雖然上述7檔高息型ETF，其追蹤的指數中都含有「高息」的選股因子，但是，ETF所追蹤的指數不同，也會在成分股的選擇上出現差異。以下就來檢視，這些高息型ETF有何差異與特色。

標的1》元大高股息（0056）

元大高股息算是元老級的高息型ETF，從2007年年底掛牌至今，已經走過13個年頭。因為時間夠久，所以它很常被投資人拿來和元大台灣50（0050）做比較。不過，這裡我們只聚焦在高息型ETF上，就暫時不將0050納入後續的比較名單中。

元大高股息所追蹤的指數為「台灣高股息指數」，指數的選股特色和邏輯，是以台灣50指數與台灣中型100指數的成分股為母體

表1　**目前高息型ETF的配息頻率主要以年配為主**
——高息型ETF介紹

名稱（代號）	掛牌日期	追蹤指數	配息頻率
元大高股息（0056）	2007.12.26	台灣高股息指數	年配
國泰股利精選 30（00701）	2017.08.17	台灣指數公司低波動股利精選 30 指數	半年配
元大台灣高息低波（00713）	2017.09.27	台灣指數公司特選高股息低波動指數	年配
富邦臺灣優質高息（00730）	2018.02.08	道瓊斯台灣優質高股息30 指數	年配
FH 富時臺灣高息低波（00731）	2018.04.20	富時台灣高股息低波動指數	年配
國泰永續高股息（00878）	2020.07.20	MSCI 台灣 ESG 永續高股息精選 30 指數	季配
中信中國高股息（00882）	2021.02.04	恒生中國高股息率指數	半年配

資料來源：各大投信

（台股中市值前 150 大的個股），同時從中挑出未來 1 年預測現金股利殖利率最高的 30 檔作為成分股，並且以現金股利殖利率加權而成；也就是說，元大高股息的選股邏輯是往前看，而非「看後照鏡開車（根據個股過去表現來選股）」的選股邏輯。

目前 0056 的持股產業，主要是落在資訊技術、原材料和工業等 3 大部分。不過，如果細看其前 5 大持股就會發現，比重排名第 1 的標的是貨櫃三雄之一的長榮（2603），主要原因是近半年多以來，受到國際貨櫃航運缺櫃、塞港等因素的影響，導致航運價格飆漲，帶動長榮獲利大幅成長，明年配息也可望跟著跳升，成為未來能有高殖利率的股票，因此也在今年 6 月正式被納入 0056 中（詳見表 2）。

根據基金公開說明書的規定，0056 有「定期」和「不定期」2 種調整成分股的規定。1. 定期：每半年審核一次，時間落在每年的 3 月與 9 月；2. 不定期：成分股發生特殊情況，例如：被購併、下市、變更為全額交割股票、不符合指數定義資格，或是出現原成分股被台灣 50 指數或台灣中型 100 指數剔除等情況。

早期成立的高息型 ETF，在配息設計上都採年配居多，0056 就是最典型的例子。0056 為年配息，每年的 9 月 30 日進行基金評價，並且於 10 月除息。不過，能配發股息固然很好，更重要的是，能否在配息後完成填息，以免賺了股息卻賠了價差。

近 10 年來 0056 的配息、填息狀況都算是十分穩定，配得穩也配得久，多數時候年均殖利率都來到 4% ～ 5% 以上（詳見表 3），

表2 **長榮獲利看漲，一躍成為0056的最大持股**
——0056基本資料

名稱（代號）	元大高股息（0056）
追蹤指數	台灣高股息指數
掛牌時間	2007.12.26
成分股數（檔）	30
經理費（％）	100億元（含）以下：0.40 100億元～300億元（含）：0.34 300億元以上：0.30
保管費（％）	0.035
收益分配	年配
前3大持股產業（％）	資訊技術（58.69）、原材料（10.02）、工業（8.49）
前5大持股比重（％）	長榮（6.37）、友達（4.60）、大聯大（4.03）、群創（3.77）、緯創（3.74）

註：統計時間為2021.08.11　　資料來源：元大投信

也因為上述特點，使它深受不少投資人的喜愛。

標的2》國泰股利精選30（00701）

國泰股利精選30的全名為「國泰臺灣低波動股利精選30基金」，其追蹤的指數為「台灣指數公司低波動股利精選30指數」，從指數名稱可以迅速了解它的選股特色：從上市個股中，以波動度低、殖利率高、籌碼穩定等條件進行篩選，最終篩出30檔符合的成分

表3 0056配息穩定，年均殖利率約4%～5%
——0056近10年配息情況

股利發放年度	現金股利（元）	填息花費天數（天）	年均殖利率（%）
2020	1.60	28	5.61
2019	1.80	49	6.70
2018	1.45	80	5.62
2017	0.95	61	3.78
2016	1.30	159	5.67
2015	1.00	84	4.33
2014	1.00	31	4.12
2013	0.85	116	3.61
2012	1.30	131	5.49
2011	2.20	76	8.54

資料來源：Goodinfo! 台灣股市資訊網

股。從00701的選股特色可以得知，它同時包含了「低波動」和「高殖利率」2 個 Smart Beta 選股因子。

00701 的持股產業中，有超過一半的比重都落在相對穩健的金融保險上（詳見表 4）。由於金融族群的股價牛皮、波動低，加上長期的配息和殖利率表現也非常的穩定，讓 00701 能展現出低波動、股利穩健的特色。另外，通信網路和水泥工業分別為 00701 持股

表4	**金融保險是00701最大持股產業，占比61%** ——00701基本資料
名稱（代號）	國泰股利精選30（00701）
追蹤指數	台灣指數公司低波動股利精選30指數
掛牌時間	2017.08.17
成分股數（檔）	30
經理費（%）	0.300
保管費（%）	0.035
收益分配	半年配
前3大持股產業（%）	金融保險（61.36）、通信網路（12.67）、水泥工業（6.06）
前5大持股比重（%）	中華電（9.28）、富邦金（8.97）、國泰金（7.44）、中信金（6.99）、台化（5.71）

註：統計時間為2021.08.16　　資料來源：國泰投信

第2大與第3大的產業，而前5大持股也都落在這3個產業之中。不僅如此，00701的指數成分股每年會調整1次，調整的時間為每年9月。

在配息表現上，由於00701的掛牌時間較短，因此，這邊只做近3年的配息和填息觀察（詳見表5）。在配息和年均殖利率的表現上，除了成立後的第1年差強人意外之外，第2年和第3年的配

00701殖利率逐漸攀升，2020年達7.94%

——00701近3年配息情況

股利發放年度	現金股利（元）	填息花費天數（天）	年均殖利率（％）
2020	1.66	361	7.94
2019	0.47	11	2.11
2018	0.17	2	0.80

資料來源：Goodinfo! 台灣股市資訊網

息和年均殖利率都有愈來愈高的趨勢，不過，也因為掛牌的時間過短，所以無法得知中長期的表現。

標的3》元大台灣高息低波（00713）

　　元大台灣高息低波的全名為「元大台灣高股息低波動」，從名字中可以得知，它也是有 1 種以上的 Smart Bate 選股因子 ——高息和低波動。它所追蹤的指數為「台灣指數公司特選高股息低波動指數」，特色是從台灣市值前 250 大企業中，利用高股利、營運穩定、高股東權益報酬率（ROE）與最小波動等指標，篩出符合上述資格條件的 50 檔成分股。

　　00713 的前 3 大持股產業為資訊技術、日常消費和金融保險，3

表6　資訊技術為00713最大持股產業，占比34%
——00713基本資料

名稱（代號）	元大台灣高股息低波動（00713）
追蹤指數	台灣指數公司特選高股息低波動指數
掛牌時間	2017.09.27
成分股數（檔）	50
經理費（%）	20億元以下（含）：0.45 20億元以上～50億元（含）：0.35 50億元以上：0.30
保管費（%）	0.035
收益分配	年配
前3大持股產業（%）	資訊技術（34.16）、日常消費（23.16）、金融保險（22.29）
前5大持股比重（%）	統一超（9.28）、統一（8.81）、台灣大（7.56）、第一金（7.09）、光寶科（4.86）

註：統計時間為2021.08.16　　資料來源：國泰投信

者的比重都有20%以上（詳見表6）。和前面2檔高息型ETF相比，00713前3大產業的比重較為平均。值得留意的是，00713和00701在成分股上有極大的相似性，都以通信網路（資訊技術）、金融類股為主要的成分股。會出現這樣的情況，和這2檔ETF所主打的「高息」、「低波」有關，只不過兩者在指數設計上的選股邏輯不同，造就了成分股比重稍有差異。

表7

00713配息穩定，掛牌以來殖利率都逾5%
——00713近3年配息情況

股利發放年度	現金股利（元）	填息花費天數（天）	年均殖利率（％）
2020	1.70	36	5.31
2019	1.66	186	5.12
2018	1.55	61	5.09

資料來源：Goodinfo! 台灣股市資訊網

在成分股審核調整上，根據基金公開說明書上內容，00713 亦有「定期」和「不定期」這兩種成分股調整方式。1. 定期：每半年調整 1 次，每年的 6 月和 12 月進行成分股審核；2. 不定期：成分股若變更交易方法、停止買賣、終止上市等情況而遭刪除時，會進行不定期的成分股更動。

再來看看 00713 的配息表現。00713 採年配息，於每年 9 月底進行基金評價，並且在 10 月進行除息。由於 00713 掛牌時間也不長，因此也採近 3 年的時間來做回顧（詳見表 7）。

標的4》富邦臺灣優質高息（00730）

富邦臺灣優質高息全名為「富邦道瓊臺灣優質高息 30 ETF 基金」，

表8 00730的持股產業中罕見納入了生技醫療
──00730基本資料

名稱（代號）	富邦臺灣優質高息（00730）
追蹤指數	道瓊斯台灣優質高股息 30 指數
掛牌時間	2018.02.08
成分股數（檔）	30
經理費（%）	20 億元（含）以下：0.45 20 億元（不含）～ 50 億元（含）：0.35 50 億元（不含）以上：0.30
保管費（%）	0.035
收益分配	年配
前 3 大持股產業（%）	電子類股（43.99）、水泥工業（19.97）、生技醫療（10.54）
前 5 大持股比重（%）	台泥（9.99）、亞泥（9.98）、光寶科（8.74）、南帝（5.77）、大江（5.29）

註：統計時間為 2021.08.11　　資料來源：MoneyDJ、富邦投信

所追蹤指數為「道瓊斯台灣優質高股息 30 指數」，主要是以台灣上市上櫃之股票為挑選母體，並且從符合「S&P 台灣全市場指數」的成分股中，以流動性、市值、股息穩定度、高殖利率等條件，篩選出符合上述條件的 30 檔個股。

00730 的前 3 大持股產業，比重差異懸殊，電子類股以

表9 00730的填息花費天數從掛牌以來逐漸縮短
——00730近3年配息情況

股利發放年度	現金股利（元）	填息花費天數（天）	年均殖利率（%）
2020	0.84	24	4.91
2019	0.75	64	4.07
2018	0.98	70	5.02

資料來源：Goodinfo! 台灣股市資訊網

43.99% 居冠，其次為水泥工業，再者為生技醫療。比較特別的是，生技醫療產業在高息型 ETF 中比較少見，因此也是它的持股特色之一（詳見表 8）。在成分股的審核調整上為每年 1 次，時間為每年的 3 月。

在收益分配上，00730 屬於年配型，每年 9 月的最後一個交易日進行基金評價，並且在 10 月進行除息。00730 掛牌的時間更短，僅約 3 年左右，因此在歷年配息表現上，同樣也只抓近 3 年進行回顧（詳見表 9）。

標的5》FH富時高息低波（00731）

FH 富時高息低波的全名為「復華富時台灣高股息低波動基金」，

表10 **00731持股產業懸殊，逾4成落在金融保險**
——00731基本資料

名稱（代號）	FH 富時高息低波（00731）
追蹤指數	富時台灣高股息低波動指數
掛牌時間	2018.04.20
成分股數（檔）	40
經理費（％）	20 億元（含）以下：0.45 20 億元～ 50 億元（含）：0.35 50 億元以上：0.30
保管費（％）	0.035
收益分配	年配
前 3 大持股產業（％）	金 融 保 險（43.01）、塑 膠 工 業（11.35）、電腦周邊（11.16）
前 5 大持股比重（％）	富邦金（8.16）、台塑（7.18）、國泰金（6.63）、中華電（6.45）、中信金（6.12）

註：統計時間為 2021.08.16　　資料來源：MoneyDJ、復華投信

所追蹤的指數為「富時台灣高股息低波動指數」，指數的選股邏輯是從台灣 50 指數與台灣中型 100 指數的成分股中，根據「股利率」篩選出前 60 大個股，再從低波動條件精選至 40 檔。

在持股產業中，00731 和 00701 一樣，皆以金融保險的比重最高，達 43.01%。在前 5 大持股中金融股就占了 3 檔，而且和持股

00731的年均殖利率都有4.5%以上的水準
——00731近3年配息情況

股利發放年度	現金股利（元）	填息花費天數（天）	年均殖利率（%）
2020	2.09	31	4.55
2019	2.27	301	4.64
2018	2.49	55	4.90

資料來源：Goodinfo! 台灣股市資訊網

第 2 大和第 3 大的產業比重相差懸殊（詳見表 10）。這種情況和
00701 的非常相像，單一產業就占了絕大部分的比重。至於成分股
的調整頻率為每年 1 次，並且於每年 3 月進行。另外，00731 採
年配息，於每年的 10 月左右進行除息；同時也因為掛牌至今僅約
3 年，因此在配息回顧上亦採近 3 年為觀測區間（詳見表 11）。

標的6》國泰永續高股息（00878）

和其他高息型 ETF 相比，00878 稍微特別一點，它是本篇高息
型 ETF 中，唯一 1 檔結合 ESG 的季配息 ETF。00878 追蹤的指數
為「MSCI 台灣 ESG 永續高股息精選 30 指數」，它是以 MSCI 台
灣指數成分股為篩選母體，並且透過 MSCI ESG 評鑑標準、殖利率
等條件，篩出符合永續與高股息等兩大特色的 30 檔成分股。從指

表12 **00878前5大持股比重相加還不到20%**
——00878基本資料

名稱（代號）	國泰永續高股息（00878）
追蹤指數	MSCI 台灣 ESG 永續高股息精選 30 指數
掛牌時間	2020.07.20
成分股數（檔）	30
經理費（%）	50 億元（含）以下：0.30 50 億元以上：0.25
保管費（%）	0.035
收益分配	季配
前 3 大持股產業（%）	電腦周邊（24.20）、金融保險（23.28）、通信網路（9.15）
前 5 大持股比重（%）	光寶科（4.12）、國巨（3.92）、開發金（3.88）、仁寶（3.85）、台泥（3.75）

註：統計時間為 2021.08.16　　資料來源：MoneyDJ、國泰投信

數特色中亦能得知，00878 也是 1 檔擁有 1 種以上 Smart Beta 的
ETF。

　　不過，在成分股和比重的設計上，00878 有個特點，就是前 5
大持股的權重加總不能超過 20%（詳見表 12），讓 00878 更
能做到不易受到少數權值股的波動影響，例如：0050 中台積電

表13　**00878上市後僅配息過3季，最多0.25元**
——00878近3季配息情況

股利發放季度	現金股利（元）	填息花費天數（天）	年均殖利率（％）
2021Q2	0.25	1	N/A
2021Q1	0.15	1	N/A
2020Q4	0.05	1	N/A

資料來源：Goodinfo! 台灣股市資訊網

（2330）占比就接近一半，導致 0050 的整體走勢非常容易受到台積電所左右。不過，也因為如此，使得後來新推出的 ETF，在指數設計上都有規定單一成分股或前幾大權值股，都必須有比重上限，甚至有投資人就把此一規定視為「台積電條款」。

由於 00878 是台灣第 1 檔採取季配息的 ETF，雖然配息次數並不會影響到領息總金額，只是一筆金額分成 4 次發放。投資人可以注意的是，配息次數愈多，代表單次拿到的金額愈少，假如單筆領息金額低於 2 萬元時，就能省去繳交二代健保補充保費 2.11% 的稅金。

00878 是在為每年的 1 月、4 月、7 月與 10 月的最後一個交

表14	**00882最大持股產業為不動產，比重逾31%**

——00882基本資料

名稱（代號）	中信中國高股息（00882）
追蹤指數	恒生中國高股息率指數
掛牌時間	2021.02.04
成分股數（檔）	50
經理費（％）	50億元（含）以下：0.50 50億元以上：0.45
保管費（％）	0.18
收益分配	半年配
前3大持股產業（％）	不動產（31.43）、金融（20.75）、能源（11.00）
前5大持股比重（％）	禹洲集團（4.37）、中國神華（3.55）、遠洋集團（3.21）、富力地產（3.08）、雅居樂集團（3.06）

註：統計時間為2021.08.11　　資料來源：MoneyDJ、國泰投信

易日進行基金評價，並且於評價後的次月進行除息。由於00878於2020年7月才掛牌，因此暫時無法計算年均殖利率（詳見表13）。

標的7》中信中國高股息（00882）

中信中國高股息為台灣市場中，第1檔以陸股為其成分股的高息

型 ETF，也是高息型 ETF 中成立時間最短的標的。00882 追蹤的指數為「恒生中國高股息率指數」，它是從香港恒生綜合指數成分股、營收超過 50% 以上來自中國的中國企業，以流動性、配息連續性與波動度進行篩選，以股息率相對高、市值規模大、趨勢反轉向上等條件精選出 50 檔成分股，涵蓋中國的大型地產、金融、工業與能源等產業，為支撐中國經濟成長的代表性企業。

在成分股上，和其他高息型 ETF 顯著不同的是，00882 第一大持股產業為「不動產」，高達 31.43%，其次則是金融和能源，比重分別為 20.75% 和 11%（詳見表 14）。成分股調整頻率為每年一次，時間會在每年 6 月進行成分股的審核和替換。

在配息設計上，00882 是採半年配，於每年的 6 月與 12 月的最後一個交易日進行基金評價，並且於 7 月與隔年的 1 月進行除息。不過，目前 00882 僅完成掛牌以來的第 1 次配息（已於 2021 年 7 月 16 日除息），因此僅有 1 次配息資料可供參考，而且到目前為止尚未完成填息（資料統計至 2021.09.09）。

最後，我們來檢視一下上述的高息型 ETF，各自在短、中、長期的報酬表現又是如何呢？又有哪些高息型 ETF，在報酬上能贏過大盤呢？

股利發放年度	現金股利（元）	填息花費天數（天）	年均殖利率（%）
2021年 上半年	0.68	尚未填息	N/A

資料來源：Goodinfo! 台灣股市資訊網

　　由於超過 10 年以上的高息型 ETF 僅有 0056，其餘的掛牌時間都過短，因此，在某些時間區間的計算上以「N/A」顯示。另外，中信中國高股息，因為掛牌至今時間過短（2021 年 2 月 4 日），而且今年以來的績效起算時間和其他檔 ETF 不同，因此也是以「N/A」顯示。

多數高息型ETF掛牌時間短，長期績效有待觀察

　　若檢視今年以來的報酬表現，僅有元大台灣高息低波以 26.05%贏過大盤（加權報酬指數）的 18.68%，不過，若只看今年以來的報酬表現，會有觀察時間太短的問題，畢竟每檔 ETF 的報酬會受到除權息時間、是否有完整參與成分股除權息行情、成分股表現週期等因素的影響，而讓最終的年度報酬出現變化。

今年來僅00713的表現勝過加權報酬指數
——高息型ETF與加權報酬指數的比較

標的	報酬率（%）				
	今年以來	近1年	近3年	近5年	近10年
加權報酬指數	18.68	39.39	19.77	17.94	10.97
元大高股息（0056）	13.21	18.27	13.92	12.58	7.45
國泰股利精選30（00701）	17.26	22.33	8.82	N/A	N/A
元大台灣高息低波（00713）	26.05	42.46	16.77	N/A	N/A
富邦臺灣優質高息（00730）	17.70	30.46	6.72	N/A	N/A
FH富時高息低波（00731）	18.43	31.25	8.48	N/A	N/A
國泰永續高股息（00878）	14.86	24.68	N/A	N/A	N/A
中信中國高股息（00882）	N/A	N/A	N/A	N/A	N/A

註：ETF報酬率為淨值年化報酬率（含息）　　資料來源：晨星、MoneyDJ

　　再來檢視近1年和近3年的報酬表現。從表16中可以發現，現行7檔高息型ETF中，依舊是00713的表現最亮眼，雖在近3年的年化報酬上，以16.77%的數字小輸給大盤的19.77%，但是，

觀察近 1 年和今年以來的報酬，都贏過大盤不少，這可能和它的指數篩選邏輯與成分股組成有關。從它的指數選股邏輯來觀察──從市值前 250 家企業中以高股利、營運穩定、ROE 優異、最小波動等指標做篩選，成分股囊括大型和中型股，而且擁有耐震（低波動）、穩定發息等特色，加上今年來台股中，有不少中小型股漲勢凌厲，連帶推升 00713 的報酬表現也是可能的原因之一。

另外，也提醒投資人，目前多數高息型 ETF 因為掛牌時間過短，所以中長期（5 年以上）是否能穩定維持高息的表現，尚需要時間觀察。

在了解各檔高息型 ETF 的基本資料、報酬表現後，投資人可能還有一個疑問──我該怎麼得知 ETF 的配息資訊？其實查詢的管道很多，除了可以到 ETF 所屬的各大投信官網或基金平台做查詢之外，也可以到 Goodinfo! 台灣股市資訊網或證交所進行查詢！

圖解教學❶ 查詢ETF除權息資訊

STEP 1

進入Goodinfo!台灣股市資訊網首頁（goodinfo.tw），在上方搜尋欄位中輸入想要查詢的標的（此處以❶「0056」為例），並且點選❷「股票查詢」。

STEP 2

進入下個頁面後，點選左側的❶「除權息日程」。

STEP 3

接著，系統就會顯示0056最新與歷史的除權息資訊，包括❶除息交易日、❷除息參考價、❸填息花費日數等。若投資人需要檔案資料，也可以在表格右上方點選你想要的格式，進行匯出。

0056 元大高股息 除權息日程一覽表　匯出XLS　匯出HTML

股利發放年度	股利所屬盈餘期間	股東會日期	❶除息交易日	❷除息參考價	❸填息完成日	填息花費日數	現金股利發放日	除權交易日	除權參考價	填權完成日	填權花費日數	現金股利 盈餘	現金股利 公積	現金股利 合計	股票股利 盈餘	股票股利 公積	股票股利 合計	股利合計
2020	2020全年		20'10/28	28.09	20'12/04	28						1.6	0	1.6	0	0	0	1.6
2019	2019全年		19'10/23	27.23	19'12/30	49						1.8	0	1.8	0	0	0	1.8
2018	2018全年		18'10/23	24.36	19'02/21	80						1.45	0	1.45	0	0	0	1.45
2017	2017全年		17'10/30	25.44	18'01/23	61						0.95	0	0.95	0	0	0	0.95
2016	2016全年		16'10/26	24.05	17'06/21	159						1.3	0	1.3	0	0	0	1.3
2015	2015全年		15'10/26	21.65	16'03/01	84						1	0	1	0	0	0	1
2014	2014全年		14'10/24	22.96	14'12/05	31						1	0	1	0	0	0	1
2013	2013全年		13'10/24	23.33	14'04/16	116						0.85	0	0.85	0	0	0	0.85

資料來源：Goodinfo! 台灣股市資訊網

圖解教學❷ 查詢ETF除權息日期與金額

STEP
1

進入證交所網站首頁（www.twse.com.tw），點選上方❶「產品與服務」→❷「ETF」。

STEP
2

進入下個頁面後，點選❶「ETF商品資訊」→❷「ETF收益分配」。

接續
下頁

接著，使用者就會看到在台灣上市的ETF總覽，包括股票型、REITs、債券型等；這時候只要在上方的❶「證券代號」中選取想要找的ETF，並且設定好❷「查詢區間」，再按下❸「查詢」即可。

ETF 分配收益

❶　❷　❸

證券代號： 0056 　查詢區間： 110 至 110 　🔍 查詢

ETF 實際分配及分配收益標準表

證券代號	證券簡稱	除息交易日	收益分配基準日	收益分配發放日	收益分配金額（每1受益權益單位）	收益分配橫
00771	元大US高息特別股	110年08月20日	110年08月28日	110年09月22日	0.18	
00775B	新光投等債15+	110年08月19日	110年08月27日	110年09月17日	0.32	
00701	國泰股利精選30	110年08月17日	110年08月23日	110年09月17日	0.25	
00878	國泰永續高股息	110年08月17日	110年08月23日	110年09月17日	0.3	

以0056為例，在你所設定的時間區間中，可以看見它的配息資訊，例如：❶「除息交易日」、❷「收益分配基準日」、❸「收益分配發放日」（股息配發時間）、❹「收益分配金額」（現金股利額）等資訊。

證券代號： 0056 　查詢區間： 100 至 110 　🔍 查詢

ETF 實際分配及分配收益標準表

證券代號	證券簡稱	❶除息交易日	❷收益分配基準日	❸收益分配發放日	❹收益分配金額（每1受益權益單位）	收益
0056	元大高股息	109年10月28日	109年11月03日	109年12月01日	1.6	
0056	元大高股息	108年10月23日	108年10月29日	108年11月26日	1.8	
0056	元大高股息	107年10月23日	107年10月29日	107年11月27日	1.45	
0056	元大高股息	106年10月30日	106年11月05日	106年12月04日	0.95	
0056	元大高股息	105年10月26日	105年11月01日	105年11月28日	1.3	
0056	高股息	104年10月26日	104年11月01日	104年11月26日	1.0	
0056	高股息	103年10月24日	103年11月01日	103年11月27日	1.0	
0056	高股息	102年10月24日	102年10月30日	102年11月27日	0.85	
0056	高股息	101年10月24日	101年10月30日	101年11月27日	1.3	

資料來源：台灣證券交易所

科技ETF》產業趨勢明確
搶賺5G、電動車商機

2-4

　　人類自從發明「科技」以來，它在生活中的重要性就愈來愈高。你是否有發現，每天的生活中，早就已經被各式各樣的科技產品所圍繞嗎？像是人手一支的智慧型手機、遠距辦公或上課所需的筆電、與朋友聯繫的 FB 或 IG、用來搜尋網路資訊的 Google、放假宅在家用來看影片的 Netflix 等。若按照這個趨勢繼續發展下去，科技在人類社會中所扮演的角色也會愈來愈重要，這也是為什麼科技股會受到許多投資人青睞的原因之一，因為背後有廣大的市場商機。

　　現在，隨著 5G、AI（人工智慧）、電動車等新科技的興起，新一波的科技浪潮即將到來，而浪潮背後，亦隱藏了無限商機，投資人只要抓對趨勢，就能狠賺一筆。可是，世界那麼大，每一個國家的科技股又那麼多，究竟要選擇哪一檔標的，才能參與到這場科技盛宴呢？很簡單，如果你不知道該挑選哪一檔個股的話，可以考慮選購「一籃子的科技股」，也就是將目標放在有在台灣上市櫃的「科

技 ETF」。這樣做的好處在於，你只要挑出喜歡的「籃子」就可以省下許多選股的時間。接下來，我們就來幫大家介紹，目前台灣上市櫃的科技 ETF 有哪些？

從證交所和櫃買中心的資料來看，目前在台灣上市櫃的科技 ETF 約有 20 檔（資料統計至 2021 年 7 月底，以下同），根據其所追蹤標的不同，大致又分為「各國綜合科技 ETF」和「主題式科技 ETF」兩類（詳見圖 1），分述如下：

各國綜合科技ETF》主要投資在科技強國

各國綜合科技 ETF 是指持股種類較全面，並且以整個區域／市場的科技業作為投資目標的 ETF，共有 6 檔。若以投資區域來區分，可分為美國、台灣、台灣＋韓國、中國 4 類。

投資區域 1》美國

以美國綜合科技為主的 ETF 有 2 檔，分別是國泰北美科技（00770）和永豐美國科技（00886），前者為上市 ETF、後者為上櫃 ETF。其中，國泰北美科技所追蹤的指數是「標普北美科技行業指數」，指數編製的特色為在美國證交市場掛牌之全球行業分類系統（GICS）科技行業股票，包含網路零售銷售子行業、互動家庭

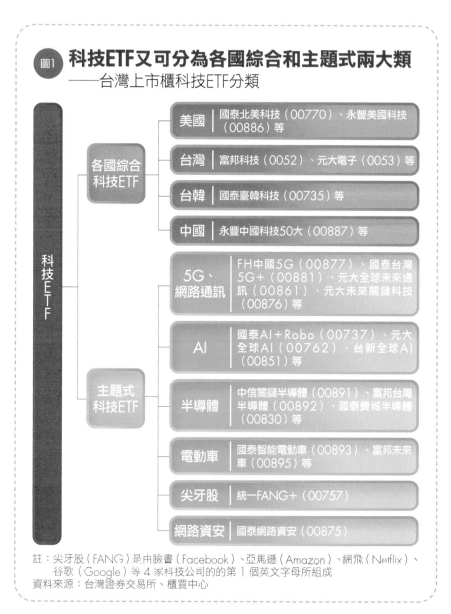

圖1 **科技ETF又可分為各國綜合和主題式兩大類**
——台灣上市櫃科技ETF分類

科技ETF

各國綜合科技ETF
- 美國：國泰北美科技（00770）、永豐美國科技（00886）等
- 台灣：富邦科技（0052）、元大電子（0053）等
- 台韓：國泰臺韓科技（00735）等
- 中國：永豐中國科技50大（00887）等

主題式科技ETF
- 5G、網路通訊：FH中國5G（00877）、國泰台灣5G+（00881）、元大全球未來通訊（00861）、元大未來關鍵科技（00876）等
- AI：國泰AI＋Robo（00737）、元大全球AI（00762）、台新全球AI（00851）等
- 半導體：中信關鍵半導體（00891）、富邦台灣半導體（00892）、國泰費城半導體（00830）等
- 電動車：國泰智能電動車（00893）、富邦未來車（00895）等
- 尖牙股：統一FANG＋（00757）
- 網路資安：國泰網路資安（00875）

註：尖牙股（FANG）是由臉書（Facebook）、亞馬遜（Amazon）、網飛（Netflix）、谷歌（Google）等 4 家科技公司的的第 1 個英文字母所組成
資料來源：台灣證券交易所、櫃買中心

表1　各國綜合科技ETF主要投資美、台、韓、中

投資區域	美國	
ETF 名稱／股號	國泰北美科技（00770）	永豐美國科技（00886）
追蹤指數	標普北美科技行業指數	NYSE FactSet U.S. Tech Breakthrough Index
基金規模（億元）	1.51	11.80
經理費（%）	0.350	0.350
保管費（%）	0.150	0.210
配息頻率	年配	無
主要產業配置	資訊技術、通訊服務、非核心消費	軟體、網路、半導體
前 5 大持股	蘋果、微軟、亞馬遜、臉書、字母公司（Google 母公司）	字母公司、輝達、微軟、臉書、蘋果

註：1. 統計時間為 2021 年 7 月底，最新資料以各投信公司公告為準；2. 本表僅列出前 3 大產業配置；3. 國泰北美科技、永豐美國科技、國泰臺韓科技和永豐中國科技 50 大無漲跌幅限制

娛樂子行業，以及互動媒體與服務子行業。永豐美國科技所追蹤的指數是「NYSE FactSet U.S. Tech Breakthrough Index」，指數編製的特色是以在關鍵科技領域（例如：AI、雲端運算、資訊安全等）

──各國綜合科技ETF比較

	台灣		台灣＋韓國	中國
	富邦科技 （0052）	元大電子 （0053）	國泰臺韓科技 （00735）	永豐中國 科技50大 （00887）
	台灣證券交易所台灣資訊科技指數	電子類加權股價指數	臺韓資訊科技指數	中證科技50指數
	68.98	3.67	1.76	7.11
	0.150	0.400	0.350	0.900
	0.035	0.035	0.130	0.120
	年配	年配	半年配	無
	電子類股、電機機械、其他資產	資訊技術、通訊服務、工業	資訊技術、半導體類股、其他電子類股	製藥業、汽車及零件設備、電機零件與設備
	台積電（2330）、聯發科（2454）、鴻海（2317）、聯電（2303）、台達電（2308）	台積電、鴻海、聯發科、中華電（2412）、聯電	台積電、三星、Naver、SK海力士、聯發科	寧德時代、海康威視、恆瑞醫藥、邁瑞醫療、京東方A

資料來源：台灣證券交易所、櫃買中心、各投信公司

擁有尖端技術且自由流通市值較高的美國企業為主。

　　就產業配置而言，國泰北美科技是以「資訊技術、通訊服務、非

核心消費」為主；永豐美國科技則是以「軟體、網路、半導體」為主。雖然兩者的產業配置略有不同，但是，就其持股而言，差異其實不大，前 5 大持股中有 4 檔是相同，分別是字母公司（Alphabet，Google 的母公司）、臉書（Facebook）、微軟（Microsoft）、蘋果（Apple）等藍籌股公司。

若以配息、基金規模和相關費用來看，國泰北美科技為年配息，基金規模為 1 億 5,100 萬元，經理費 0.35%，保管費 0.15%。永豐美國科技的經理費同樣是 0.35%，不過它沒有配息，而且保管費略高，為 0.21%。基金規模較大，為 11 億 8,000 萬元。兩者可以說是各有優劣，端看投資人的選擇。

投資區域 2》台灣

以台灣綜合科技為主的 ETF 共有 2 檔，分別是富邦科技（0052）和元大電子（0053），兩者皆為上市 ETF。前者追蹤的指數是「台灣資訊科技指數」，它是從台股市值前 150 大的上市公司中，挑出最具代表性的科技產業公司；後者追蹤的指數是「電子類加權股價指數」，它是以證交所產業分類為「電子類」之上市公司股票為主。雖然 2 檔 ETF 追蹤的指數不同，但是，若仔細觀察會發現，台股市值前 150 大的科技產業公司，大多都是以電子股為主，因此差別不大。

就產業配置而言，富邦科技是以「電子類股、電機機械、其他資產」為主，而元大電子則是以「資訊技術、通訊服務、工業」為主。雖然兩者的產業配置略有不同，但是，就其持股而言，差異其實不大，前 5 大持股中有 4 檔相同，分別是台積電（2330）、鴻海（2317）、聯發科（2454）和聯電（2303）。

至於配息方面，富邦科技和元大電子都是年配息。不過，若以基金規模和相關費用來看，富邦科技會優於元大電子。富邦科技的規模為 68 億 9,800 萬元、經理費 0.15%、保管費 0.035%；元大電子的保管費同樣是 0.035%，但是，它的基金規模較小，為 3 億 6,700 萬元，而且經理費較高，為 0.4%。

投資區域 3》台灣＋韓國

以台灣和韓國綜合科技為主的 ETF 僅有 1 檔，也就是國泰臺韓科技（00735），它屬於上市 ETF。它追蹤的指數是「台韓資訊科技指數」，其指數編製特色聚焦於台韓市場科技產業龍頭。

就產業配置而言，國泰臺韓科技是以「資訊技術、半導體類股、其他電子類股」為主，前 5 大持股中，有 3 檔是韓國的科技產業龍頭，分別是三星（Samsung）、Naver 和 SK 海力士，另外 2 檔是台灣的科技產業龍頭，分別是台積電和聯發科。

配息方面，國泰臺韓科技是採半年配。至於基金規模和相關費用，國泰臺韓科技的基金規模是 1 億 7,600 萬元、經理費 0.35%、保管費 0.13%。雖然國泰臺韓科技的基金規模偏小，但是，因為目前市面上以台灣和韓國科技股為主的 ETF 僅此 1 檔，若投資人對於台灣和韓國的科技公司有信心的話，可以考慮投資。

投資區域 4》中國

以中國綜合科技為主的 ETF 僅有 1 檔，永豐中國科技 50 大（00887），它屬於上櫃 ETF。它追蹤的指數是「中證科技 50 指數」，其指數編製特色為精選品質最佳的中國前 50 大科技公司，同時涵蓋十四五計畫的重點發展產業。

就產業配置而言，永豐中國科技 50 大是以「製藥業、汽車及零件設備、電機零件與設備」為主，前 5 大持股為寧德時代、海康威視、恒瑞醫藥、邁瑞醫療和京東方 A。配息方面，永豐中國科技 50 大並無配息。至於基金規模和相關費用，永豐中國科技 50 大的基金規模是 7 億 1,100 萬元、經理費 0.9%、保管費 0.12%。

在各國綜合科技 ETF 中，永豐中國科技 50 大的經理費為 0.9%，其他的 ETF 多半在 0.15% ～ 0.4%，但是，以中國的科技發展潛力來看，這不到 1 個百分點的差距，對投資人來說應該尚可忍受。

　　以上是有關各國綜合科技 ETF 的介紹，若投資人無法決定要選哪一檔標的的話，可以先以國家做判斷，之後再透過產業配置、是否有配息、基金規模和相關費用等進行評比。其中要特別注意的是，國泰北美科技、永豐美國科技、國泰臺韓科技和永豐中國科技 50大這 4 檔 ETF 皆為國外成分股 ETF，因此無漲跌幅限制。

主題式科技ETF》針對特定產業進行布局

　　假設投資人有偏好特定產業的科技股，例如：5G、AI、半導體、電動車等，則可以考慮下面幾檔主題式科技 ETF。

投資產業 1》5G

　　以 5G 為主的科技 ETF 共有 4 檔，分別是元大全球未來通訊（00861）、元大未來關鍵科技（00876）、FH中國 5G（00877）和國泰台灣 5G ＋（00881），其中只有 FH 中國 5G 為上櫃 ETF，其他 3 檔皆為上市 ETF（詳見表 2）。此外要注意的是，元大全球未來通訊、元大未來關鍵科技和 FH 中國 5G 這 3 檔 ETF 皆為國外成分股 ETF，因此無漲跌幅限制。

　　就追蹤的指數來說，元大全球未來通訊追蹤的是「ICE FactSet 全球未來通訊指數」，指數編製的特色為由已開發市場與新興市場中，

篩選滿足未來通訊供應鏈且未來通訊相關的營收分類比重大於 50%（含）的股票；元大未來關鍵科技追蹤的是「iSTOXX 全球未來關鍵科技指數」，指數編製的特色為由美國、台灣、中國 A 股（僅涵蓋深港通與滬港通）、香港、日本、韓國、英國、德國、法國、荷蘭等交易所中，找出具備通訊硬體製造產業（目前為 5G）的營收分類，比重大於 30%（含）的股票；FH 中國 5G 追蹤的是「中証 5G 通信主題指數」，指數編製的特色為選取產品和業務與 5G 通信技術相關的中國地區 A 股上市公司，包括（但不限於）電信服務、通信設備、電腦及電子設備和電腦運用等細分行業；國泰台灣 5G ＋追蹤的是「臺灣指數公司特選臺灣上市上櫃 FactSet 5G ＋通訊指數」，指數編製的特色為涵蓋台灣 5G 上中下游產業鏈，包括半導體、通訊設備、電動車設備、手機品牌等。

　　雖然這 4 檔 5G ETF 追蹤的指數不同，但是，總體來說，若你看好台灣的 5G 產業，可以考慮國泰台灣 5G ＋；若你看好中國的 5G 產業，可以考慮 FH 中國 5G；若你的目光不侷限於單一國家的話，可以考慮元大全球未來通訊和元大未來關鍵科技。

　　就產業配置而言，元大全球未來通訊是以「資訊技術、房地產、通訊服務」為主；元大未來關鍵科技是以「資訊技術、原材料、工業」為主；FH 中國 5G 是以「資訊技術、通訊服務、非核心消費品」為主；

表2 **國泰台灣5G＋的規模最大、相關費用最低**
——5G ETF介紹

ETF 名稱／股號	元大全球未來通訊（00861）	元大未來關鍵科技（00876）	FH 中國 5G（00877）	國泰台灣 5G ＋（00881）
追蹤指數	ICE FactSet 全球未來通訊指數	iSTOXX 全球未來關鍵科技指數	中証 5G 通信主題指數	台灣指數公司特選台灣上市上櫃 FactSet 5G ＋通訊指數
基金規模（億元）	56.29	74.97	64.48	349.05
經理費（%）	0.900	0.900	0.900	0.400
保管費（%）	0.230	0.230	0.100	0.035
配息	無	無	無	半年配
區域配置	美國、台灣、韓國等	美國、台灣、日本等	中國	台灣
主要產業配置	資訊技術、房地產、通訊服務	資訊技術、原材料、工業	資訊技術、通訊服務、非核心消費品	半導體、其他電子、電腦及周邊設備
前 5 大持股	蘋果、思科系統、博通、台積電、三星	應用材料、東京威力科創、台積電、高通	立訊精密、兆易創新、中興通訊、三安光電、卓勝微	台積電、鴻海、聯發科、聯電、矽力-KY

註：1. 統計時間為 2021 年 7 月底，最新資料以各投信公司公告為準；2. 本表僅列
　　出前 3 大區域配置和前 3 大產業配置；3. 元大全球未來通訊、元大未來關鍵科
　　技和 FH 中國 5G 無漲跌幅限制
資料來源：台灣證券交易所、櫃買中心、各投信公司

國泰台灣 5G ＋是以「半導體、其他電子、電腦及周邊設備」為主。

若以配息、基金規模和相關費用的角度來看，國泰台灣 5G ＋的表現最佳，不但有配息（半年配），而且基金規模最大（349 億 500 萬元）、經理費和保管費也遠低於其他 3 檔（詳見表 2）。但是，究竟要選哪檔 5G ETF，仍以投資人偏好的條件為主。

投資產業 2 》AI

以 AI 為主的科技 ETF 共有 3 檔，分別是元大全球 AI（00762）、台新全球 AI（00851）和國泰 AI ＋ Robo（00737），3 檔皆為上市 ETF，而且皆為海外成分股 ETF，因此無漲跌幅限制。

就追蹤的指數來說，元大全球 AI 追蹤的是「STOXX 全球人工智慧指數」，指數編製的特色為從全球中篩選符合營收來源至少 50% 以上，來自人工智慧相關業務之企業、台新全球 AI 追蹤的是「SG 全球 AI 機器人精選指數」，指數編製的特色為根據大數據研究和 Martin Ford 對人工智慧與機器人行業的最新動態的了解而選取、國泰 AI ＋ Robo 追蹤的是「那斯達克 CTA 全球人工智慧及機器人指數」，指數編製的特色為投資於包括半導體晶片設計、數據庫、演算法開發、軟體與機器人生產、基因檢測、AI 智慧精準醫療及運用 AI 強化核心競爭力的相關公司。

簡單來說，元大全球 AI 主要是投資美國的 AI 公司、台新全球 AI 主要是投資美國的 AI 和機器人公司，而國泰 AI+Robo 主要是投資美國和日本的 AI 和機器人公司。三者略有差別，投資人可依看好的國家與 ETF 投資的主題進行挑選。

產業配置方面，元大全球 AI 是以「資訊技術、通訊服務、房地產」為主、台新全球 AI 是以「資訊技術、通訊服務、非核心消費」為主、國泰 AI + Robo 是以「工業、資訊技術、醫療保健」為主。如果檢視配息、基金規模和相關費用，台新全球 AI 雖然規模最小，僅 2 億 8,800 萬元，但它卻是唯一 1 檔有配息的 AI ETF（詳見表 3），而且其相關費用在三者中也是最低。

投資產業 3》半導體

以半導體為主的科技 ETF 共有 3 檔，分別是中信關鍵半導體（00891）、富邦台灣半導體（00892）和國泰費城半導體（00830），3 檔皆為上市 ETF。不過，要注意的是，國泰費城半導體為國外成分股 ETF，因此無漲跌幅限制。

就追蹤指數來說，中信關鍵半導體追蹤的是「ICE FactSet 臺灣 ESG 永續關鍵半導體指數」，指數編製特色為台灣上市櫃中，以半導體產業為主的股票；富邦台灣半導體追蹤的是「ICE FactSet 台灣

核心半導體指數」，指數編製特色為台灣上市櫃公司中，經市值與流動性篩選後，以 FactSet 產業分類系統挑選出半導體產業相關公司，並且納入 GPA 因子篩選之成分股；國泰費城半導體追蹤的是「美國費城半導體指數」，指數編製特色為追蹤在美國那斯達克交易所、紐約股票交易所、芝加哥期權交易所掛牌，從事半導體設計、分銷、製造和銷售的一系列公司之業績。

簡單來說，若你只對台灣的半導體有興趣的話，可以考慮中信關鍵半導體或富邦台灣半導體；若你想要投資美國的半導體的話，則可以考慮國泰費城半導體（詳見表 4）。

如果比較中信關鍵半導體和富邦台灣半導體 2 檔投資台灣半導體的 ETF 可以發現，它們投資的標的雖然略有不同，但是差異並不大。就產業配置而言，前者是以「IC 設計、積體電路、封裝測試」為主；後者是以「電子類股」為主。2 檔 ETF 的前 5 大持股中，有 2 檔相同（台積電和聯電）。至於配息方面，中信關鍵半導體是季配、富邦台灣半導體是半年配。不僅如此，2 檔 ETF 的相關費用都一樣，可是就基金規模而言，中信關鍵半導體較大，有 86 億 4,100 萬元。

投資產業 4》電動車

以電動車為主的科技 ETF 共有 2 檔，分別是國泰智能電動車

表3	**台新全球AI是唯一1檔有配息的AI ETF**

——AI ETF介紹

ETF 名稱／股號	元大全球 AI（00762）	台新全球 AI（00851）	國泰 AI + Robo（00737）
追蹤指數	STOXX 全球人工智慧指數	SG 全球 AI 機器人精選指數	那斯達克 CTA 全球人工智慧及機器人指數
基金規模（億元）	10.10	2.88	10.41
經理費（%）	0.90	0.75	0.85
保管費（%）	0.26	0.25	0.25
配息	無	年配	無
區域配置	美國、台灣、澳洲	美國、德國、荷蘭	美國、日本、英國
主要產業配置	資訊技術、通訊服務、房地產	資訊技術、通訊服務、非核心消費	工業、資訊技術、醫療保健
前 5 大持股	輝達、字母公司、臉書、英特爾、超微	輝達、奧多比、字母公司、微軟、臉書	Appian、NICE LTD-SPON ADR、ServiceNow、Dynatrace，以及小型那斯達克 100 指數期貨

註：1. 統計時間為 2021 年 7 月底，最新資料以各投信公司公告為準；2. 本表僅列出前 3 大區域配置和前 3 大產業配置；3. 元大全球 AI、台新全球 AI，以及國泰 AI + Robo 無漲跌幅限制
資料來源：台灣證券交易所、各投信公司

（00893）和富邦未來車（00895），2 檔皆屬於上市 ETF，而且同樣為海外成分股 ETF，因此沒有漲跌幅的限制。

追蹤指數方面，國泰智能電動車追蹤的是「ICE FactSet 全球智能電動車指數」，指數編製的特色旨在計算全球交易所上市櫃之智能電動車概念股之股價表現基準。指數成分股聚焦在智能電動車上中下游的供應鏈，包含上游的電池原料；中游的次世代汽車技術、智能座艙零組件、電動車電池生產者；下游的智能電動車製造商等、富邦未來車追蹤的是「MSCI ACWI IMI 精選未來車 30 指數」，指數編製的特色係自母指數 MSCI ACWI Investable Market Index 之成分股中，先以 MSCI ACWI IMI Future Mobility Index 之編製規則，篩選出未來車主題相關股票，再根據市值、流動性與掛牌交易所進行篩選，挑選經自由流通係數調整後市值前 30 大之公司編製而成，2 檔皆是以投資全球電動車概念股為主。

產業配置方面，國泰智能電動車是以「科技、非核心消費、能源」為主、富邦未來車則是以「自駕車與相關聯科技、車廠──科技新創、車廠──傳統大廠」為主。

2 檔標的的前 5 大持股部分有 2 檔相同，分別是輝達（NVIDIA）和特斯拉（Tesla）。就配息和相關費用來看，2 檔 ETF 皆相同，

表4 **國泰費城半導體主要配置在美國的資訊技術**
──半導體ETF介紹

ETF 名稱／股號	中信關鍵半導體（00891）	富邦台灣半導體（00892）	國泰費城半導體（00830）
追蹤指數	ICE FactSet 臺灣 ESG 永續關鍵半導體指數	ICE FactSet 台灣核心半導體指數	美國費城半導體指數
基金規模（億元）	86.41	70.05	42.62
經理費（%）	0.400	0.400	0.400
保管費（%）	0.035	0.035	0.110
配息	季配	半年配	年配
區域配置	台灣	台灣	美國
主要產業配置	IC 設計、積體電路、封裝測試	電子類股、電子類股（上櫃）、其他資產	資訊技術
前 5 大持股	台積電、聯發科、聯電、日月光投控、矽力-KY	台積電、瑞昱、聯電、環球晶、譜瑞-KY	輝達、高通、博通、德州儀器、英特爾

註：1. 統計時間為 2021 年 7 月底，最新資料以各投信公司公告為準；2. 本表僅列出前 3 大產業配置；3. 國泰費城半導體無漲跌幅限制
資料來源：台灣證券交易所、各投信公司

差異較大的是在基金規模上，國泰智能電動車有 198 億 6,300 萬元（詳見表 5），而富邦未來車才 36 億 3,000 萬元。另外，比較要注意的是，2 檔電動車 ETF 都才剛上市（國泰智能電動車

表5 **國泰智能電動車的規模高達198.63億**
──電動車ETF介紹

ETF 名稱／股號	國泰智能電動車（00893）	富邦未來車（00895）
追蹤指數	ICE FactSet 全球智能電動車指數	MSCI ACWI IMI 精選未來車 30 指數
基金規模（億元）	198.63	36.30
經理費（%）	0.90	0.90
保管費（%）	0.20	0.20
配息	無	無
區域配置	美國、韓國、德國	美國、台灣、日本
主要產業配置	科技、非核心消費、能源	自駕車與相關聯科技、車廠──科技新創、車廠──傳統大廠
前 5 大持股	輝達、特斯拉、蔚來汽車ADR、恩智浦半導體、英飛凌	特斯拉、台積電、輝達、豐田、超微半導體

註：1.統計時間為 2021 年 7 月底，最新資料以各投信公司公告為準；2.富邦未來車的基金規模的統計時間為 2021.08.18；3.本表僅列出前 3 大產業配置；4.國泰智能電動車和富邦未來車皆無漲跌幅限制
資料來源：台灣證券交易所、各投信公司

2021.07.01 掛牌上市、富邦未來車 2021.08.12 掛牌上市），後續表現如何，需要投資人進一步觀察。

投資產業 5》尖牙股

表6 **統一FANG＋主要投資尖牙股與相關概念股**
——尖牙股ETF和網路資安ETF介紹

ETF 名稱／股號	統一 FANG ＋（00757）	國泰網路資安（00875）
追蹤指數	NYSE FANG ＋ Index	那斯達克 ISE 全球網路資安指數
基金規模（億元）	29.04	11.06
經理費（％）	0.85	0.90
保管費（％）	0.18	0.20
配息	無	無
區域配置	美國	美國、英國、加拿大
主要產業配置	N/A	資訊技術、工業、其他
前 5 大持股	推特、字母公司、蘋果、特斯拉、臉書	CloudFlare、Mitek Systems、Fortinet、Avast PLC、Splunk

註：1. 統計時間為 2021 年 7 月底，最新資料以各投信公司公告為準；2. 本表中
　　僅列出前 3 大產業配置；3. 統一 FANG+ 基金月報未公布產業配置；4. 統一
　　FANG ＋和國泰網路資安無漲跌幅限制；5.N/A 表示無資料
資料來源：台灣證券交易所、各投信公司

　　尖牙股（FANG），是由臉書（Facebook）、亞馬遜（Amazon）、
網飛（Netflix）、谷歌（Google）這 4 家科技公司第一個英文字母
所組成。以「尖牙股」為主的科技 ETF 僅有 1 檔（詳見表 6），那
就是統一 FANG ＋（00757），是 1 檔上市 ETF，無配息，基金

規模 29 億 400 萬元、經理費 0.85%、保管費 0.18%。此外，由於統一 FANG ＋為國外成分股 ETF，因此無漲跌幅限制。

統一 FANG ＋追蹤的指數是 NYSE FANG ＋ Index，是以在美國上市、具高度成長性及市場關注度的科技股，以及非必需消費股（含 ADR），投資領域橫跨人工智慧、電子商務、社群媒體、新能源車與物聯網等科技領域為主要投資標的，前 5 大持股為推特、字母公司、蘋果、特斯拉、臉書。與其他 ETF 較明顯的差異是，這檔 ETF 的持股屬於相當集中的類型，僅持有 10 檔成分股，單一個股的權重將近 10%，價格受單一個股影響的情況可能會比較明顯，若投資人對尖牙股與其相關概念股非常有信心的話，可以考慮投資。

投資產業 6》網路資安

以「網路資安」為主的科技 ETF 僅有 1 檔（詳見表 6），那就是國泰網路資安（00875），它是 1 檔上市 ETF，無配息，基金規模 11 億 600 萬元、經理費 0.9%、保管費 0.2%。此外，由於國泰網路資安為國外成分股 ETF，因此無漲跌幅限制。國泰網路資安追蹤的指數是那斯達克 ISE 全球網路資安指數，主要投資於保護網路安全及防止駭客入侵等服務的公司，例如：CloudFlare、Mitek Systems、Fortinet、Avast PLC、Splunk 等。若投資人對於網路資安有興趣的話，可以考慮投資。

2-5 REITs ETF》無須高額資金 也能坐享房地產漲幅

　　自古以來，不動產投資一直都受到大家的喜愛，除了可以將買來的房子出租，以獲得穩定的收益之外，一旦房價上漲，也有機會享受資本利得的果實。而觀察美國和台灣的房價指數後發現，雖然房價指數偶爾會受到景氣低迷的影響而下滑，但是，多數的時間都是呈現上漲，顯見就長期投資而言，不動產的獲利機會還是很高（詳見圖1）。

　　不過問題就來了，儘管不動產的獲利機會很高，可是，不動產的價格偏高，若沒有個幾百萬、幾千萬，是很難參與其中。那麼是不是有什麼方法，可以讓投資人用小額金資就參與不動產投資？答案是有的，那就是投資在台灣上市櫃的 REITs ETF。

　　目前在台灣掛牌的 REITs ETF 共有 2 檔，分別是群益道瓊美國地產（00714）和 FH 富時不動產（00712），2 檔皆為上市 ETF。

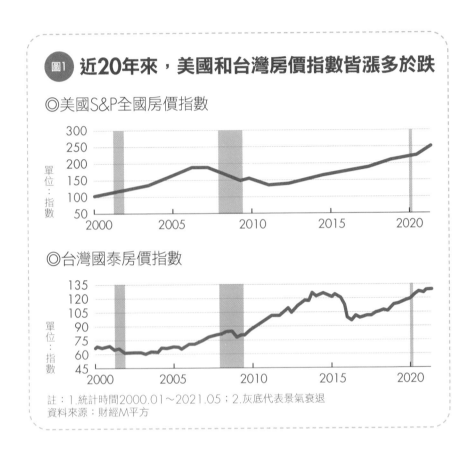

圖1 近20年來，美國和台灣房價指數皆漲多於跌

◎美國S&P全國房價指數

單位：指數

◎台灣國泰房價指數

單位：指數

註：1.統計時間2000.01～2021.05；2.灰底代表景氣衰退
資料來源：財經M平方

　　在繼續介紹 2 檔 REITs ETF 之前，我們先來了解一下，到底什麼是
REITs ？ REITs 的英文全名為「Real Estate Investment Trust（REITs 的
s 是複數的意思）」，中文翻譯為「不動產投資信託」，它是由美國
國會在 1960 年所創造，目的是讓一般大眾都有投資房地產的機會。
REITs 的概念是，不動產所有權人將不動產的所有權交付給信託公司

REITs的誕生讓民眾用小錢就能投資不動產
　　──REITs的產生方式

不動產所有權人將不動產的所有權交付給信託公司	信託公司將不動產所有權分成較小的單位（即REITs），讓一般投資人認購	投資人用小額資金就能投資不動產，但是並非實質持有不動產

管理後，信託公司再將不動產所有權分成較小的單位（即 REITs），
讓一般投資人可以認購（詳見圖 2）。簡單來說，REITs 就是你和市
場上的投資人一起集資去買不動產，只是你不用持有實質的不動產，
而是透過持有股份的方式來投資。如同持有股票就擁有公司部分所
有權一樣，當你買進 REITs 後，你就有了不動產的部分所有權，之後
只要是這個不動產的租金收益或價格漲跌，全都與你息息相關。

根據持有的資產型態，REITs可以分為3類

REITs 根據所持有的資產型態，大致可以分為 3 種類型，分別是權
益型 REITs、抵押權型 REITs 和混合型 REITs，分述如下：

類型1》權益型REITs

權益型REITs是信託公司把從一般投資人手中募集到的資金,直接投資在實體不動產(例如:住宅大樓、辦公大樓、購物中心、飯店、數據中心、基礎建設、醫療設施、工業用地、倉庫、電塔等)上,其收益來源主要有兩種:1.租金收入與其所衍生之其他收入,例如:管理費收入、停車費收入或出租會議中心所增加的營運收入等;2.處分不動產所產生的資本利得(詳見圖3)。

簡單來說,持有權益型REITs就好像是當房東一樣,你可以選擇把不動產出租,每個月賺取租金收入,或是等到房價上漲的時候,將房子賣掉賺價差。

比較要注意的是,因為權益型REITs是直接投資在實體不動產上,所以會受到不動產景氣的影響。此外,由於REITs所投資的實體不動產,其經營權是掌握在信託公司手上,因此,權益型REITs的投資人

🛢 名詞解釋

不動產抵押貸款證券(MBS)

不動產抵押貸款證券是一種衍生性金融商品,它是將「以不動產為抵押的貸款」證券化後,以打包的形式在市場上交易的工具,根據資產池中抵押貸款標的之不動產標的不同,可以再分為「商用不動產抵押貸款證券(CMBS)」和「住宅用不動產抵押貸款證券(RMBS)」2種類型。

圖3 **權益型REITs的收益來自租金和處分不動產**
——權益型REITs獲利方式

資金募集	收購、管理和開發不動產（包括住宅大樓、辦公大樓、購物中心等）	賺取租金收入與其衍生收入（例如：管理費收入等），或處分不動產的資本利得

也要留意信託公司的經營績效。

類型 2》抵押權型 REITs

抵押權型 REITs 是信託公司不直接投資不動產，而是擔當中間角色，把從一般投資人手中募集到的資金，借給需要的人，例如：房地產投資者、開發商、經營者等，或去投資不動產抵押貸款證券（詳見名詞解釋），其收益來源主要是利息收入或手續費（詳見圖 4）。

要注意的是，抵押權型 REITs 的報酬容易受到市場利率的影響，當市場利率愈低，意味著抵押權型 REITs 的利息成本愈低，其所收到的報酬相對較大。因此，對於抵押權型 REITs 的投資人來說，必須要留

意市場利率的表現。

類型 3》混合型 REITs

混合型 REITs 是把權益型 REITs 和抵押權型 REITs 混合在一起，也就是信託公司除了直接投資實質不動產之外，也會把錢放貸給想買房的人，有點類似股債平衡的概念。但是，每檔混合型 REITs 裡究竟有多少比率的權益型 REITs 與抵押權型 REITs，是由其管理者根據環境、景氣與市場利率變化來調整，投資人無法自行決定。

布局REITs ETF免複委託，可直接在台股中買賣

以上是有關 REITs 的相關說明，相信大家看到這裡，應該對於 REITs 已經有一定的了解。或許有人會問，「REITs 看起來不錯啊，為什麼我們不直接投資 REITs 就好，卻要去投資 REITs ETF 呢？」

當然，若你想要投資 REITs 的話也可以，但是，由於全球 REITs 的標的眾多，就跟投資個股一樣，要一檔一檔去篩選非常麻煩，而且若青睞的 REITs 是在國外發行，還得加開複委託或海外證券戶頭，倒不如直接買入有在台灣掛牌的 REITs ETF，操作簡便。另外，由於購入的是一籃子 REITs，還能適度分散風險，因此很適合對不動產投資不熟悉的人。以下我們就來介紹，目前在台灣掛牌的 REITs ETF 吧！

圖4 **抵押權型REITs的收益來自利息收入或手續費**
——抵押權型REITs獲利方式

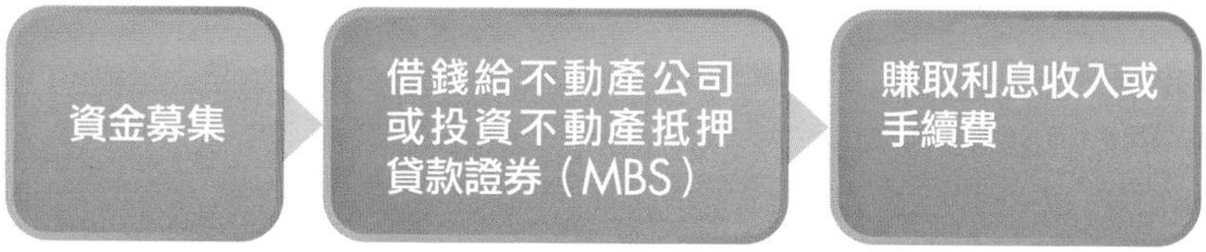

| 資金募集 | ➤ | 借錢給不動產公司或投資不動產抵押貸款證券（MBS） | ➤ | 賺取利息收入或手續費 |

標的 1》群益道瓊美國地產（00714）

　　群益道瓊美國地產追蹤的指數為「道瓊美國地產指數」，它是以投資美國權益型 REITs 為主，其所追蹤的標的包含美國電塔公司（American Tower，美國無線通訊設施 REITs 公司）、普洛斯（Prologis，全球最大工業物流 REITs 公司）、冠城國際公司（Crown Castle International，美國前 3 大基地台 REITs 公司）等，主要收益來源為租金收入與交易的資本利得。由於它的股利率優於公債殖利率與投資等級債，因此可以將之視為殖利率概念股（詳見表 1）。但是，和投資權益型 REITs 一樣，投資 00714 也必須留意不動產景氣和管理團隊的經營績效。

　　00714 適合對於持有實體美國房地產資產有興趣的投資人，若對

目前台灣上市的REITs ETF都屬於季配息
——00714與00712比較

ETF 名稱／股號	群益道瓊美國地產（00714）	FH 富時不動產（00712）
追蹤指數	道瓊美國地產指數	富時 NAREIT 抵押權型不動產投資信託指數
基金規模（億元）	1.14	43.20
經理費（%）	0.85	0.30
保管費（%）	0.18	0.10
配息	季配	季配
區域配置	美國	美國
主要產業配置	REITs、房地產、科技	金融、房地產、流動資產
前 5 大持股	美國電塔公司、普洛斯、冠城國際公司、Equinix、Digital Realty	安納利資產管理公司、AGNC Investment、Starwood Property Trust、百仕通抵押信託公司、Hannon Armstrong

註：1. 統計時間為 2021 年 7 月底，最新資料以各投信公司公告為準；2. 本表僅列出前 3 大產業配置
資料來源：台灣證券交易所、各投信公司

美國房地產市場長期看好，利用 00714 就能晉升成為包租公，在台灣也能收美國租金。

標的 2》FH 富時不動產（00712）

　　FH 富時不動產追蹤的指數是「富時 NAREIT 抵押權型不動產投資信託指數」，它是以投資美國抵押權型 REITs 為主，其所追蹤的標的包含安納利資產管理公司（Annaly Capital Management，美國大型抵押房地產投資信託公司之一）、AGNC Investment（主要投資不動產抵押轉手證券與抵押擔保債務憑證）、Starwood Property Trust（主要業務為不動產借貸、不動產投資和服務）等，主要收益來源為利息收入或手續費。

　　但是，和投資抵押權型 REITs 一樣，投資 FH 富時不動產也須留意市場利率的變化。一般來說，處於降息循環時，較有利於抵押權型 REITs 的表現，例如：在 2020 年新冠肺炎爆發後，美國聯準會（Fed）大幅降息、擴大寬鬆，就刺激 FH 富時不動產大幅反彈 60%，但是在升息循環時，對抵押權型 REITs 較為不利。

2-6 槓反型ETF》兼顧多空 可放大報酬又能避險

除了可以根據不同的投資範疇替 ETF 進行分類之外，其實還能依照反映報酬的方式，將 ETF 分成原型 ETF、槓桿型 ETF 和反向型 ETF 等 3 大類（詳見圖 1）。國外常見的槓桿有 2 倍或 3 倍，不過，台灣目前僅開放 2 倍槓桿和 1 倍反向的 ETF，因此下文中，槓桿型 ETF 皆指 2 倍槓桿，而反向型 ETF 皆指 1 倍反向。

投資標的為股市指數、大宗原物料與貨幣

在台灣證券交易所的分類中，槓桿型與反向型 ETF 又分為：「槓桿型及反向型 ETF」與「槓桿型及反向型期貨 ETF」。前者主要以各國的股市指數或債券指數作為標的指數；後者則是投資在大宗原物料或貨幣，例如：黃金、石油、美元等。

跟個股或其他的 ETF 對照來看，這類的 ETF 從名稱上就能很好分

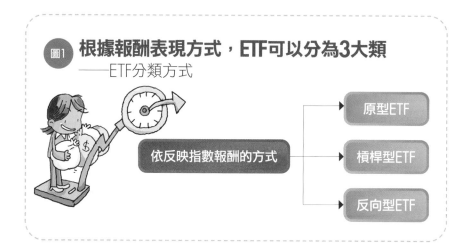

辨。個股的證券代號多半為 4 碼,而且皆為數字,其他的 ETF,常見為 4 碼至 6 碼,普遍也是由數字組成。

而槓桿型及反向型 ETF 的證券代號雖然也是 6 碼,但是,前面 5 碼固定是數字、最後 1 碼為英文字母:若是槓桿型 ETF,最後 1 碼的英文字母固定為「L」;若是反向型 ETF,最後 1 碼則固定為「R」。

至於證券簡稱,字數則不固定,不過,命名的邏輯都是「發行單位」加「投資標的」,最後視其為槓桿型加「正 2」、反向型加「反 1」,例如:元大台灣 50 正 2(00631L)或元大台灣 50 反1(00632R)。如果是投資在大宗原物料或貨幣的槓桿型及反向型

圖2 從證券代號尾數即可分辨是槓桿型或反向型
——槓桿型及反向型ETF命名邏輯

◎以股市指數或債券指數作為標的指數的「槓桿型ETF」

元大台灣50正2（00631L）

| 發行單位＋投資標的＋正2 | 5碼數字＋L |

◎以股市指數或債券指數作為標的指數的「反向型ETF」

元大台灣50反1（00632R）

| 發行單位＋投資標的＋反1 | 5碼數字＋R |

◎投資大宗原物料或貨幣的「槓桿型期貨ETF」

期元大S&P黃金正2（00708L）

| 期＋發行單位＋投資標的＋正2 | 5碼數字＋L |

◎投資大宗原物料或貨幣的「反向型期貨ETF」

期元大S&P黃金反1（00674R）

| 期＋發行單位＋投資標的＋反1 | 5碼數字＋R |

期貨ETF，在證券簡稱的開頭固定會加上「期」（詳見圖2）。不過，不管是槓桿型ETF，還是槓桿型期貨ETF，或是反向型ETF與反向型期貨ETF，其反映報酬的方式都一樣，只是投資標的上的差異。

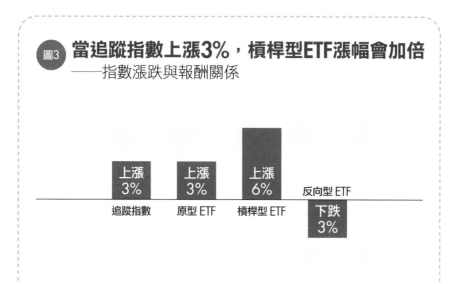

圖3 當追蹤指數上漲3%，槓桿型ETF漲幅會加倍
——指數漲跌與報酬關係

上漲 3%　追蹤指數
上漲 3%　原型 ETF
上漲 6%　槓桿型 ETF
反向型 ETF　下跌 3%

　　理論上來説，槓桿型 ETF 為 2 倍槓桿，因此，當其追蹤指數上漲 1%，槓桿型 ETF 就會上漲 2%；反之，反向型 ETF 為 1 倍反向，因此，當其追蹤指數上漲 1%，反向型 ETF 就下跌 1%。

　　舉一個例子來說明。當追蹤指數上漲 3%，這個時候，3 種不同的反映報酬方式，會讓 ETF 的表現不太一樣（詳見圖 3）：

　　①**原型 ETF**：會跟追蹤指數的報酬率理論上相同，當追蹤指數漲 3%，它就漲 3%。

　　②**槓桿型 ETF**：它會「加倍奉還」，理論上會漲 6%。

③反向型 ETF：跟追蹤指數反著走，當追蹤指數上漲，它就下跌；當追蹤指數下跌，它就上漲，因此理論上會下跌 3%。

槓反型ETF報酬表現，會貼近所追蹤的策略指數

然而，隨著槓桿型及反向型 ETF 愈來愈多，有些指數編製公司會特別編製「○○正向 2 倍指數」或「○○ 2 倍槓桿指數」等策略指數，這種已經「槓桿化」的指數，是利用其所追蹤的指數進行運算後所編制的策略指數。由於已經槓桿化，因此追蹤此類指數的槓桿型 ETF，其表現會與追蹤指數相近。

同理，有些指數編製公司也會編制「○○反向指數」或「○○反向 1 倍指數」等策略指數，讓反向型的 ETF 可以追蹤，因此，追蹤此類指數的反向型 ETF，其表現也與追蹤指數亦步亦趨。

但是，這些特別編製的策略指數，也都有一個原始的目標指數來源，用實際的案例說明比較容易明白。

舉例來說，富邦上証（006205）追蹤的是「上証 180 指數」，富邦上証正 2（00633L）是追蹤「上証 180 兩倍槓桿指數」，而富邦上証反 1（00634R）則是追蹤「上証 180 反向指數」。

　　3 檔標的追蹤的指數都不同，在表現上，都力求與其所追蹤的指數 100% 貼近，但是細節在於，上証 180 兩倍槓桿指數是追蹤「上証 180 指數當日報酬兩倍的策略指數」、上証 180 反向指數是追蹤「上證 180 指數當日報酬反向一倍的策略指數」。

　　因此概念上是：當上証 180 指數上漲 1%，上証 180 兩倍槓桿指數應該上漲 2%，而上証 180 反向指數應該下跌 1%。各自追蹤這些指數的 ETF，理論上的表現為：

①富邦上証——為原型 ETF，應該上漲 1%。
②富邦上証正 2 ——為槓桿型 ETF，應該上漲 2%。
③富邦上証反 1 ——為反向型 ETF，應該下跌 1%。

　　投資人在觀察槓桿型及反向型 ETF 的表現時，最終仍舊要回歸到檢視其與原始的目標指數之差異。

　　那麼目前在台灣上市掛牌的槓桿型及反向型 ETF 有哪些？其追蹤指數為何？截至 2021 年 7 月底，參考台灣證券交易所的分類，並依槓桿型及反向型區分，上市的 ETF 總共有 4 大類、41 檔。其中，槓桿型 ETF 有 17 檔最多，反向型 ETF 有 16 檔次之，槓桿型期貨 ETF 及反向型期貨 ETF 則各有 4 檔（詳見表 1）。

表1 目前台灣掛牌的槓桿型及反向型ETF共41檔

類型	證券代號	證券簡稱	追蹤指數	漲跌幅限制
槓桿型ＥＴＦ	00631L	元大台灣 50 正 2	台灣 50 指數	20%
	00633L	富邦上証正 2	上証 180 兩倍槓桿指數	無漲跌幅度限制
	00637L	元大滬深 300 正 2	滬深 300 日報酬正向兩倍指數	無漲跌幅度限制
	00640L	富邦日本正 2	東証正向 2 倍指數	無漲跌幅度限制
	00647L	元大 S&P500 正 2	標普 500 2 倍槓桿指數	無漲跌幅度限制
	00650L	FH 香港正 2	恒指槓桿指數	無漲跌幅度限制
	00655L	國泰中國 A50 正 2	富時中國 A50 指數	無漲跌幅度限制
	00653L	富邦印度正 2	NIFTY 正向 2 倍指數	無漲跌幅度限制
	00663L	國泰臺灣加權正 2	台灣日報酬兩倍指數	20%
	00665L	富邦恒生國企正 2	恒生國企槓桿指數	無漲跌幅度限制
	00675L	富邦臺灣加權正 2	台灣證券交易所發行量加權股價日報酬正向兩倍指數	20%
	00680L	元大美債 20 正 2	ICE 美國政府 20 ＋年期債券 2 倍槓桿指數	無漲跌幅度限制
	00670L	富邦 NASDAQ 正 2	NASDAQ-100 正向 2 倍指數	無漲跌幅度限制
	00685L	群益臺灣加權正 2	台指日報酬兩倍指數	20%
	00688L	國泰 20 年美債正 2	彭博巴克萊 20 年期（以上）美國公債單日正向 2 倍指數	無漲跌幅度限制
	00753L	中信中國 50 正 2	MSCI 中國外資自由投資 50 不含 A 及 B 股單日正向 2 倍指數	無漲跌幅度限制
	00852L	國泰美國道瓊正 2	道瓊斯工業平均單日正向 2 倍指數	無漲跌幅度限制

——槓桿型及反向型ETF介紹

類型	證券代號	證券簡稱	追蹤指數	漲跌幅限制
反向型ＥＴＦ	00632R	元大台灣 50 反 1	台灣 50 指數	10%
	00634R	富邦上証反 1	上証 180 反向指數	無漲跌幅度限制
	00638R	元大滬深 300 反 1	滬深 300 日報酬反向一倍指數	無漲跌幅度限制
	00641R	富邦日本反 1	東証反向 1 倍指數	無漲跌幅度限制
	00648R	元大 S&P500 反 1	標普 500 反向指數	無漲跌幅度限制
	00651R	FH 香港反 1	恒指短倉指數	無漲跌幅度限制
	00656R	國泰中國 A50 反 1	富時中國 A50 指數	無漲跌幅度限制
	00654R	富邦印度反 1	NIFTY 反向 1 倍指數	無漲跌幅度限制
	00664R	國泰臺灣加權反 1	台指反向 1 倍指數	10%
	00666R	富邦恒生國企反 1	恒生國企短倉指數	無漲跌幅度限制
	00676R	富邦臺灣加權反 1	台灣證券交易所發行量加權股價日報酬反向一倍指數	10%
	00669R	國泰美國道瓊反 1	道瓊斯單日反向指數	無漲跌幅度限制
	00681R	元大美債 20 反 1	ICE 美國政府 20＋年期債券 1 倍反向指數	無漲跌幅度限制
	00671R	富邦 NASDAQ 反 1	NASDAQ-100 反向 1 倍指數	無漲跌幅度限制
	00686R	群益臺灣加權反 1	台指反向一倍指數	10%
	00689R	國泰 20 年美債反 1	彭博巴克萊 20 年期（以上）美國公債單日反向指數	無漲跌幅度限制

接續
下頁

類型	證券代號	證券簡稱	追蹤指數	漲跌幅限制
槓桿型期貨ETF	00683L	期元大美元指正 2	標普美元日報酬正向兩倍 ER 指數	無漲跌幅度限制
	00706L	期元大 S&P 日圓正 2	標普日圓期貨日報酬正向 2 倍 ER 指數	無漲跌幅度限制
	00708L	期元大 S&P 黃金正 2	標普高盛黃金日報酬正向兩倍 ER 指數	無漲跌幅度限制
	00715L	期街口布蘭特正 2	標普高盛布蘭特原油日報酬正向兩倍 ER 指數	無漲跌幅度限制

註：統計時間 2021.07.30

2大原因使得槓反型ETF不適合長期持有

認識了槓桿型及反向型 ETF，那麼什麼時候適合運用呢？看多時，適合用槓桿型 ETF 來放大報酬率、看空時，適合用反向型 ETF 來做空或當作原有部位的避險組合，此處要特別強調，若是看空，是「買進」反向型 ETF，而非「賣出」。不過，兩者都只適合短期的事件交易，不適合用來「存股」，主要的原因有 2 個：

原因 1》每月轉倉，會產生價差成本

槓桿型及反向型 ETF 主要藉由操作期貨，以達到槓桿或反向的目標，但是，期貨每個月會到期結算，因此基金經理人需要轉倉。

類型	證券代號	證券簡稱	追蹤指數	漲跌幅限制
反向型期貨ＥＴＦ	00673R	期元大 S&P 原油反 1	標普高盛原油日報酬反向一倍 ER 指數	無漲跌幅度限制
	00674R	期元大 S&P 黃金反 1	標普高盛黃金日報酬反向一倍 ER 指數	無漲跌幅度限制
	00684R	期元大美元指反 1	標普美元日報酬反向一倍 ER 指數	無漲跌幅度限制
	00707R	期元大 S&P 日圓反 1	標普日圓期貨日報酬反向 1 倍 ER 指數	無漲跌幅度限制

資料來源：台灣證券交易所

以做多來說，假設手上的「近月合約」價格低於較遠期才結算的「遠月合約」，也就是出現「正價差」時（詳見圖 4），經理人就被迫以較低的價格賣出近月合約，同時以較高的價格買進遠月合約，中間的價差就是成本，長期下來會侵蝕 ETF 的淨值，影響報酬率。

因為這項特質，所以槓桿型及反向型 ETF 被部分投資人戲稱有「內建扣血」機制，但是也說明了為什麼不適合長期持有的原因之一。

原因 2》單日結算，長期報酬率會偏離原型指數

不適合長期持有的第 2 個原因在於，其設有「單日結算」機制，也就是說，其追求槓桿或反向的報酬僅限於單日。

149

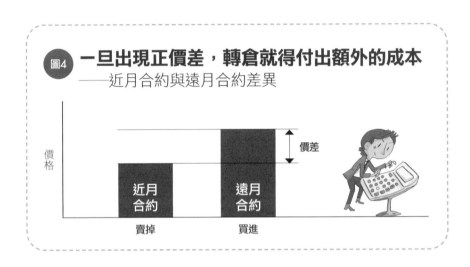

圖4 一旦出現正價差，轉倉就得付出額外的成本

——近月合約與遠月合約差異

價格

近月合約　賣掉

遠月合約　買進

價差

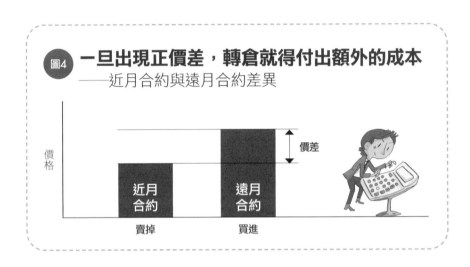

發行商會在每天收盤前，根據當天標的指數漲跌幅來調整基金的曝險位置，以維持固定的槓桿倍數或反向。如此一來，若投資時間超過一天，累積的報酬會因為複利效果而可能和原型指數產生偏離，長期下來，會失去追求貼近指數表現的原意。

以槓桿 ETF 為例，理論上「槓桿 ETF 當日報酬＝標的指數當日報酬的 2 倍」，但是，「槓桿 ETF 累積報酬≠標的指數累積報酬 2 倍」。舉例試算，若標的指數連續 2 天都漲 5%，累計的報酬應該為 10.25%，而 2 倍槓桿的累計報酬卻不是 20.5%，因為每天重設機制，槓桿 ETF 的累計報酬是 21%；反向 ETF 也是一樣，理論上應該跌 10.25%，實際上只跌了 9.75%（詳見圖 5），與追蹤指數的

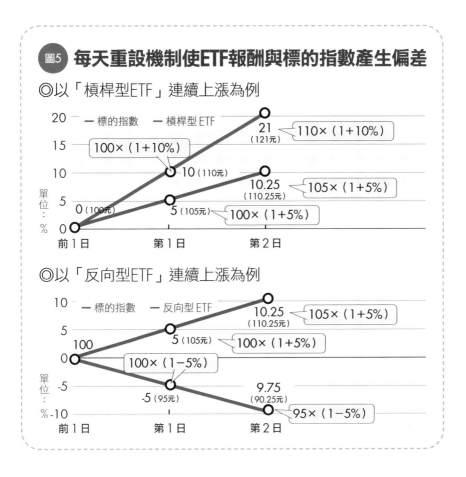

圖5 每天重設機制使ETF報酬與標的指數產生偏差

◎以「槓桿型ETF」連續上漲為例

― 標的指數　― 槓桿型 ETF

21
（121元）　110×（1+10%）

100×（1+10%）

10（110元）

10.25
（110.25元）　105×（1+5%）

0（100元）　5（105元）　100×（1+5%）

單位：％

前1日　第1日　第2日

◎以「反向型ETF」連續上漲為例

― 標的指數　― 反向型 ETF

10.25
（110.25元）　105×（1+5%）

5（105元）　100×（1+5%）

100

100×（1-5%）

-5（95元）

9.75
（90.25元）

95×（1-5%）

單位：％

前1日　第1日　第2日

長期報酬存在誤差。除了要注意上述的 2 件事之外，槓桿型及反向型 ETF 尚有其他的風險需要投資人留心。

　　首先，由於槓桿型及反向型 ETF 主要持有期貨，因此沒有配息機

151

圖6 **槓反型ETF無配息，不適合存股族布局**
——槓桿型及反向型ETF的5大風險

1 每月轉倉，須留意價差成本侵蝕淨值

2 單日結算，長期報酬率會偏離原型指數

3 無配息機制，只能靠價差賺獲利

4 連結海外標的者，無漲跌幅限制

5 投資海外，須留意匯率波動

制，千萬不要以為持有槓桿型 ETF 可以領到 2 倍股息！投資人若是想長期存股賺取股息，就不能買這類的 ETF（詳見圖 6）。

再者，連結海外標的者，一律無漲跌幅限制，加上台股開盤時間與海外有時差，萬一在台股收盤時間，海外發生重大事件，使海外股市產生大幅波動，等到台股再次開盤，恐怕「小心臟」的投資人會負荷不了。

補充一點，因為台股的漲跌幅限制為 10%，所以，對應的台股槓

桿型 ETF 漲跌幅限制為 20%、反向型 ETF 漲跌幅限制為 10%。

而且，雖然台股的交易是以新台幣計價，但是，投資海外市場的槓桿型及反向型 ETF 會持有海外的有價證券，因此，匯率波動也會影響 ETF 的淨值，投資人需要留意匯率風險。

因為有這些風險，所以並不是有證券戶就可以買賣槓桿型及反向型 ETF，投資人應具備下列條件之一：1. 已開立信用交易帳戶；2. 最近 1 年內委託買賣認購（售）權證成交達 10 筆（含）以上；3. 最近 1 年內委託買賣台灣期貨交易所上市之期貨、選擇權交易契約成交達 10 筆（含）以上。

另外，投資人第一次委託買賣槓桿型及反向型 ETF 前，必須簽署風險預告書，才可以正式交易。

用中短線策略
加速資產倍增

3-1 運用槓桿型ETF做當沖 獲利有望加倍奉還

ETF 也能做當沖？沒錯！你沒看錯，以往大家對於 ETF 的觀念，大多都是定期定額、買進等配息，但是，隨著 ETF 的商品愈來愈多元化，想做短線，用 ETF 也可以輕鬆辦到！

當沖，是指當天建立部位後，於當天將部位出清。例如看多，先買進，接著於收盤前賣出；或者，你也可以做空，即先賣出、收盤前再買回來。

不論是做多的「先買後賣」或做空的「先賣後買」，總之，當沖就是收盤時，手中已經沒有部位，如此就不用承擔部位留過夜的風險，隔天市場大幅震盪也不用擔心（詳見圖 1）。

能當沖的標的其實不少，股票、期貨等都有可以選擇的商品，不過對於一般投資人來說，期貨彷彿是另外一個投資世界的東西，所

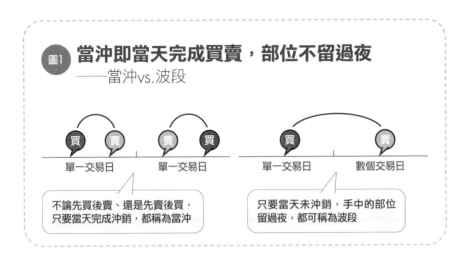

以單就股票市場來看，最適合當沖的標的非「槓桿型 ETF」莫屬！
原因在於，槓桿型 ETF 的波動度大於個股，不論是漲跌幅的空間、
或是同樣的追蹤標的，槓桿型 ETF 都能「加倍奉還」。

還記得 2-6 提過的嗎？連結海外成分證券的槓桿型 ETF，沒有漲
跌幅限制，而連結台股的槓桿型 ETF，由於為 2 倍槓桿，所以漲跌
幅限制為 20%，表示當天最多可漲 20%、最多也可下跌 20%，來
回就是 40% 的波動空間。

由於槓桿型 ETF 上下波動的空間足足比個股多 1 倍，加上別人漲
1%、它就漲 2%，所以比起個股來說，槓桿型 ETF 更適合做當沖（詳

見圖2）。

以槓桿型ETF做當沖具有4優勢

利用槓桿型 ETF 做當沖，還有以下 4 優勢：

優勢 1》操作直觀與盤勢一致

在操作上，看多就先買進、看空就先賣出，槓桿型 ETF 的操作非常直觀，就跟你看好的方向一致，不需要思考像是選擇權的買買權、賣賣權、賣買權、買賣權……，而且操作步驟就跟買賣個股一樣、使用的下單畫面也與投資人平常買賣個股相同，對投資人來說，是非常容易上手的工具。

優勢 2》所需資金較低

利用槓桿型 ETF 進行當沖時，投資人不需先準備任何資金，就可以直接操作。如果當沖獲利，投資人會在「T＋2日」時，於交割戶頭看見獲利的金額入帳；如果當沖失誤賠錢，投資人也只要在 T＋2 日之前，將損失的金額含手續費等存入交割戶，不需要存入整張的股款。

槓桿型 ETF 多數都是連結各市場的指數，舉例來說，元大台灣 50

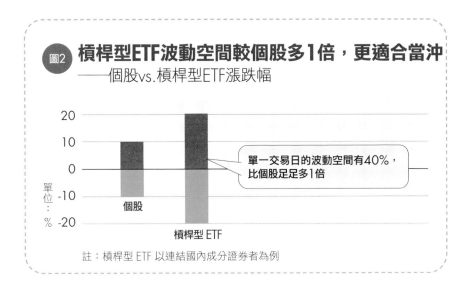

圖2 **槓桿型ETF波動空間較個股多1倍，更適合當沖**
——個股vs.槓桿型ETF漲跌幅

單一交易日的波動空間有40%，
比個股足足多1倍

個股

槓桿型ETF

單位：%

註：槓桿型 ETF 以連結國內成分證券者為例

正 2（00631L）追蹤台灣 50 指數，基本上也對應連結台股的大盤；元大 S&P 500 正 2（00647L）對應標準普爾 500 指數（S&P 500，以下簡稱標普 500 指數）。

　　投資人若想利用期貨來操作一樣的指數商品，則須先存入「原始保證金」才可進行交易，與現股 T＋2 日才交割的制度完全不同。保證金多寡會依照市場狀況，由台灣期貨交易所公告調整，以 2021 年 8 月的公告來看，連結台股大盤的「台股期貨」，必須要先存入 18 萬 4,000 元的原始保證金，即便是「小型台指期貨」，其原始保證金也要 4 萬 6,000 元，對應標普 500 指數的「美國標

表1 台股期貨原始保證金為18萬4000元
——各國股市指數對應的槓桿型ETF及期貨商品

股市	相關槓桿型 ETF（代號）	相關期貨商品與原始保證金	
台股	元大台灣 50 正 2（00631L）	台股期貨	**18 萬 4,000 元**
	國泰臺灣加權正 2（00663L）	小型台指	4 萬 6,000 元
	富邦臺灣加權正 2（00675L）	台灣 50 期貨	7 萬 5,000 元
	群益臺灣加權正 2（00685L）		
美股	國泰美國道瓊正 2（00852L）	美國道瓊期貨	4 萬 6,000 元
	元大 S&P 500 正 2（00647L）	美國標普 500 期貨	5 萬 7,000 元
	富邦 NASDAQ 正 2（00670L）	美國那斯達克 100 期貨	5 萬元
日股	富邦日本正 2（00640L）	東證期貨	2 萬 1,000 元

註：1. 資料日期為 2021.08.31；2. 原始保證金金額會依市場變化調整，依台灣期貨交易所公告為準
資料來源：台灣證券交易所、台灣期貨交易所

普 500 期貨」，原始保證金則為 5 萬 7,000 元（詳見表 1）。

　　對小資族來說，操作一樣的指數商品時，期貨必須要先投入一大

表2 **槓桿型ETF賣出證交稅為0.1%**
——個股vs.槓桿型ETF買賣手續費與證交稅

項目		個股		槓桿型 ETF	
		一般情況	當沖	一般情況	當沖
買進	手續費	0.1425%	0.1425%	0.1425%	0.1425%
	證交稅	無	無	無	無
賣出	手續費	0.1425%	0.1425%	0.1425%	0.1425%
	證交稅	0.30%	0.15%	**0.10%**	**0.10%**

註：以上費率皆以交易價款為基準

筆成本，而槓桿型 ETF 等於「零成本」，初期進場的門檻較低。

優勢 3》買賣成本較低

除了一開始免投入資金以外，槓桿型 ETF 還有一個優勢，那就是證交稅比個股的當沖減半優惠還便宜。

槓桿型 ETF 在交易時，手續費與個股相同，買賣都需收取交易價款的 0.1425%；證交稅方面，兩者皆為賣出時收取，個股一般為交易價款的 0.3%，當沖全 2024 年底以前有證交稅減半的優惠，因此只要 0.15%，但槓桿型 ETF 更低，僅為 0.1%（詳見表 2）。

槓桿型ETF交易成本較個股當沖低

 表3

——個股vs.個股當沖vs.槓桿型ETF交易成本

項目	買進／賣出	交易成本		總成本
個股	買進	**手續費**：98元×1,000股×0.1425% =139元		581元
	賣出	**手續費**：100元×1,000股×0.1425% =142元		
		證交稅：100元×1,000股×0.3% =300元		
個股當沖	買進	**手續費**：98元×1,000股×0.1425% =139元		431元
	賣出	**手續費**：100元×1,000股×0.1425% =142元		
		證交稅：100元×1,000股×0.15% =150元		
槓桿型ETF	買進	**手續費**：98元×1,000股×0.1425% =139元		**381元**
	賣出	**手續費**：100元×1,000股×0.1425% =142元		
		證交稅：100元×1,000股×0.1% =100元		

註：交易成本以買進價98元、賣出價100元試算，手續費與證交稅皆為小數點後無條件捨去

　　舉例試算，假設買進價為98元、賣出價為100元，在交易1整張的狀況下，個股的交易總成本為581元，若是個股當沖為431元、槓桿型ETF不論當沖與否，皆為381元，交易總成本最低（詳

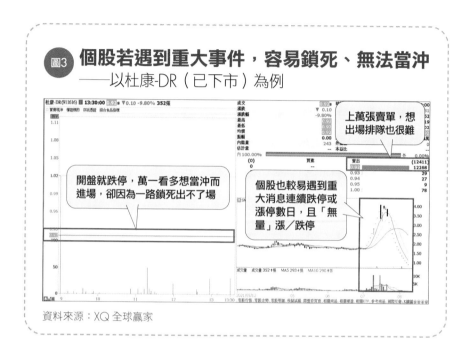

圖3　個股若遇到重大事件，容易鎖死、無法當沖
──以杜康-DR（已下市）為例

上萬張賣單，想出場排隊也很難

開盤就跌停，萬一看多想當沖而進場，卻因為一路鎖死出不了場

個股也較易遇到重大消息連續跌停或漲停數日，且「無量」漲／跌停

資料來源：XQ 全球贏家

見表3）。

優勢 4》「鎖死不能沖銷」的極端風險極低

再者，個股比較容易遇到「跌停鎖死」或「漲停鎖死」的狀況（詳見圖3）。

當遇到「鎖死」，甚全會有成千上萬張的委託單排隊等出場，投資人若是想當沖，很容易無法在當天順利沖銷，導致需要留倉交割。

而且萬一受到重大事件影響，個股也較易連續漲停或跌停數日，且有時為「無量漲停」或「無量跌停」，投資人不僅當沖不成，還會住「套房」一段時間。

大多為連結指數的槓桿型 ETF 比較不容易遇到這種情況，一方面是因為指數較難跌停或漲停，除非市場上所有股票都跌停或漲停；另一方面，槓桿型 ETF 上下可波動的空間較大，換句話說，「只有出不掉的價格，沒有出不掉的槓桿型 ETF。」

把握2要訣，選出適合當沖的槓桿型ETF

要如何選擇當沖的槓桿型 ETF ？留意以下 2 要訣：

要訣 1》交易量夠大、流動性充足

為了要順利可以當沖，在選擇槓桿型 ETF 時，要特別留意交易量，因為交易量夠大、流動性充足，投資人才能避免留倉而需要補進交割款的狀況。

千萬不要誤以為，今天買、明天賣而不用補交割款，因為所有交割都是 T ＋ 2 日，即便變成「隔日沖」，投資人都應該在買進之後的 T ＋ 2 日補進對應的完整交割款，因為賣出的價金一樣會在 T ＋

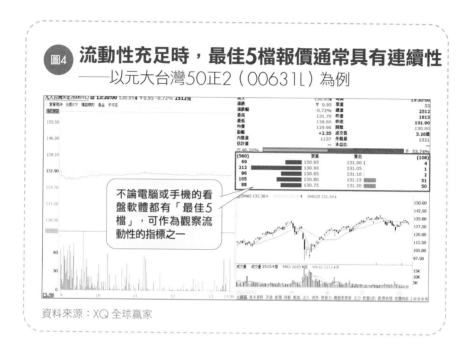

圖4 **流動性充足時,最佳5檔報價通常具有連續性**
——以元大台灣50正2(00631L)為例

不論電腦或手機的看
盤軟體都有「最佳5
檔」,可作為觀察流
動性的指標之一

資料來源:XQ 全球贏家

2 日才匯入,根本來不及支付買進時的交割作業。

故在追蹤同一個指數的狀況下,交易量較大的槓桿型 ETF 可優先
列入考量,觀察時,除了比較絕對數字的交易量之外,也可以觀察
「最佳 5 檔報價」(詳見圖 4),即距離目前成交價上下最接近的
委買、委賣各 5 個價格。流動性充足時,最佳 5 檔報價多會具有連
續性,比較不會跳過任一個「股價升降單位」,當 5 檔報價符合流
動性標準時,也可以列入考慮,接著繼續觀察標的的股價。

補充一點,如果想要操作的指數其對應的槓桿型 ETF 很少,且交易量很低,那麼寧願錯過,也不要進場住「套房」,除非你有長期看對方向的把握。

要訣 2》股價跳動單位數愈少、愈快彌平成本愈好

選擇當沖的槓桿型 ETF 時,還要注意的就是「股價」,跳的單位數愈少,可以盡快彌平成本最好,因為跳動幅度不夠,可能光應付手續費、交易稅就不夠。

個股與 ETF 的股價升降單位不同,個股分為 6 個級距,而 ETF 只有 2 個,股價未滿 50 元者為 0.01 元、50 元以上為 0.05 元(詳見表 4)。在買賣 1 張的狀況下,表示 50 元以下的 ETF,每跳動一個升降單位有 10 元的價差,而 50 元以上的 ETF 則會有 50 元的價差。

但這不代表 50 元以上的 ETF 就比較快可以打平成本,從股價 10 元開始,以每個級距增加 10 元至 150 元為止,假設買進、賣出都用同一個價格,試算每個級距打平成本所需跳動的升降單位數(詳見表 5)。

可以發現,像是股價 40 元至 50 元,或是 140 元、150 元的

表4	**ETF的股價升降單位只分為2個級距**

——個股vs.ETF股價升降單位級距

升降單位	個股股價	ETF 股價
0.01 元	0 元～ 10 元	0 元～ 50 元
0.05 元	10 元～ 50 元	50 元以上
0.10 元	50 元～ 100 元	
0.50 元	100 元～ 500 元	—
1.00 元	500 元～ 1,000 元	
5.00 元	1,000 元以上	

資料來源：台灣證券交易所

ETF 對當沖投資人較為不利，因為需要較多的股價跳動單位才可以打平成本；反過來說，像是 10 元，或是 60 元、70 元的 ETF 就相對有利，只要跳動 5 個升降單位就能打平成本。

投資人要注意，由於試算是假設買進、賣出為同一個價格，且股價也不一定會剛好是 10 元的倍數，所以概念上是，在同一個升降單位的狀況下，股價愈低，愈容易打平。

例如 50 元以上都是同一個 0.05 元的升降單位，但股價愈靠近 50 元，想要打平成本的跳動單位數就會愈少，對投資人愈有利。

若股價走勢如預期，可採3方式停利

　　看準要操作的指數，並綜合上述的流動性及股價等標準選出要當沖的槓桿型 ETF 之後，策略也相當簡單，若判斷盤勢會走高，那就於盤中時間買進，收盤前賣出；反之，若觀察盤勢，認為待會會走低，那就盤中先賣出，收盤前買回。

　　進場之後，若股價如投資人預期，可以用 3 方式停利：1. 預設停利價位、2. 預設報酬率、3. 採用技術分析輔助。

　　只要不過於貪心，用前面 2 種方式設定合理的停利價位或報酬率，就可以穩穩獲利出場。不過，萬一後面走勢更猛，投資人可能會飲恨太早出場，此時可採取技術面的方式，當走勢出現反轉時停利，但也可能因為技巧不夠純熟或突然出現大波動，反而錯失好的停利機會。

　　而技術分析的採用，當沖一般會觀察「5 分 K」或「1 分 K」，除了觀察高檔或低檔爆大量的 K 線之外，一般人還可以從 RSI（相對強弱）指標和 KD 指標入手。RSI 指標由 2 條線組合，包含 1 條短週期、1 條長週期；KD 指標亦由「K 值」和「D 值」2 條線組成，RSI 指標比 KD 指標的反應更靈敏，不過兩者的用法很相近。

股價10元的ETF僅跳動5個單位即可打平成本
——試算不同股價的ETF打平成本所需跳動單位數

股價	買進／手續費（A）	賣出／手續費（B）	賣出／證交稅（C）	合計成本（A＋B＋C）	每一升降單位價差	打平成本所需跳動單位數
10元	20元	20元	10元	50元		5個
20元	28元	28元	20元	76元		8個
30元	42元	42元	30元	114元	10元	11個
40元	57元	57元	40元	154元		15個
50元	71元	71元	50元	192元		19個
60元	85元	85元	60元	230元		5個
70元	99元	99元	70元	268元		5個
80元	114元	114元	80元	308元		6個
90元	128元	128元	90元	346元		7個
100元	142元	142元	100元	384元		8個
110元	156元	156元	110元	422元	50元	8個
120元	171元	171元	120元	462元		9個
130元	185元	185元	130元	500元		10個
140元	199元	199元	140元	538元		11個
150元	213元	213元	150元	576元		12個

註：手續費計算方式＝股價 ×1,000 股 ×0.1425%，小數點後無條件捨去，不滿
20 元以 20 元計；證交稅計算方式＝股價 ×1,000 股 ×0.1%，小數點後無條
件捨去

兩者都是介於 0 至 100 的數值，有 4 項普遍的使用原則：

1. 當 RSI 指標／KD 指標來到 80 以上，往往代表過熱，不宜做多，反而可以考慮做空。

2. 當 RSI 指標／KD 指標來到 20 以下，往往代表過冷，不宜做空，反而可以考慮做多。

3. 黃金交叉時，可以考慮做多。所謂黃金交叉，以 RSI 指標來說，即「短週期的 RSI 指標」向上穿越「長週期的 RSI 指標」、KD 指標則是出現 K 值向上穿越 D 值。

4. 死亡交叉時，可以考慮做空。所謂死亡交叉，以 RSI 指標來說，即「短週期的 RSI 指標」向下穿破「長週期的 RSI 指標」、KD 指標則是出現 K 值向下穿破 D 值（詳見圖 5）。

有些人會單看一種技術指標、有些人則會看諸多技術指標以綜合判斷，沒有誰比較好、誰比較不好，因為同一種指標，每個人解讀跟盤感都不同，操作結果也不一樣。

整體來說，想用哪種方式出場，端看投資人的風險承受度，以及

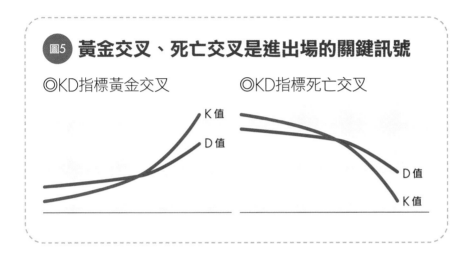

圖5 **黃金交叉、死亡交叉是進出場的關鍵訊號**

◎KD指標黃金交叉

K值
D值

◎KD指標死亡交叉

D值
K值

是否具有技術分析的把握。

　萬一進場之後，走勢不如預期呢？投資人即應停損，一樣可預設停損的價位、預設停損報酬率、或採技術分析輔助。不過，建議預設的停損價位和停損報酬率要小於停利價位和停利報酬率，以符合賺多、賠少的投資邏輯。

　切記，如果要當沖，就一定要嚴格執行停損、停利策略，觸及時就出場，如果當天盤中都沒有觸及停損、停利點，也應於收盤前將部位出清，否則就要準備交割款，也要承擔部位留過夜、隔天市場大幅震盪的風險。

以槓桿型ETF參與除權息
搶賺轉倉價差點數

3-2

　　想用 ETF 參與除權息行情，難道只能選擇原型 ETF 等著領配息？其實，你還可以利用槓桿型 ETF 來參與台股每年的除權息盛事，不過，所有的槓桿型 ETF 都不配息，要怎麼參與？有哪些「牛肉」可以吃呢？

　　既然是要參與台股的除權息，所以當然就是利用追蹤台股為主的槓桿型 ETF，包含目前在市場上掛牌的元大台灣 50 正 2（00631L）、國泰臺灣加權正 2（00663L）、富邦臺灣加權正 2（00675L）、群益臺灣加權正 2（00685L）。

　　這些槓桿型 ETF，主要利用持有「台股期貨」來達到 2 倍槓桿的效果（詳見表 1），在資產組合中可能有附買回債券、現金等，藉此提高資產的收益。不過，持有比重最高的台股期貨才是獲利來源的重頭戲。

表1 **追蹤台股的槓桿型ETF以台股期貨為主要資產**
——槓桿型ETF資產組合與其占淨資產價值比率

槓桿型 ETF（代號）	資產組合與其占淨資產價值比率
元大台灣 50 正 2（00631L）	台股期貨（178.54%） 附買回債券（35.93%） 台灣 50ETF 股票期貨（21.85%） 現金（6.97%）
國泰臺灣加權正 2（00663L）	台股期貨（200.21%） 現金（38.74%）
富邦臺灣加權正 2（00675L）	台股期貨（200.05%） 附買回債券（44.62%） 現金（11.65%） 富邦吉祥貨幣市場基金（8.05%）
群益臺灣加權正 2（00685L）	台股期貨（201.04%） 附買回債券（53.81%） 現金（0.21%）

註：此為各 ETF 2021 年第 2 季資產內容；由於為槓桿型 ETF，因此透過持有具槓桿的金融商品等，來達到 2 倍目標，故其淨資產價值比率合計非 100%
資料來源：公開資訊觀測站

以看多的投資人而言，轉倉時逆價差較為有利

期貨是一種有到期機制的金融商品，以台股期貨來說，其結算日為每月的第 3 個週三，期貨投資人若未在結算日之前平倉或轉倉，手上的期貨就會被結算，從未實現損益變成已實現損益。

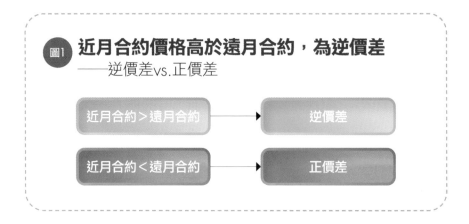

圖1 近月合約價格高於遠月合約，為逆價差

——逆價差vs.正價差

| 近月合約＞遠月合約 | → | 逆價差 |
| 近月合約＜遠月合約 | → | 正價差 |

因此，持有槓桿型 ETF 的投資人雖然不用自行轉倉，但實際上，ETF 的轉倉作業會由基金經理人每個月執行。

所謂的轉倉，以做多來說，就是先賣掉手上即將要結算的「近月合約」、買進較之後才要結算的「遠月合約」。

當近月合約價格較高、遠月合約較低，稱為逆價差；反之，遠月合約較高、近月合約較低，稱為正價差（詳見圖1）。

對於看多的投資人而言，轉倉時為逆價差較為有利，因為等於高價賣出、低價買回。而台灣為長期逆價差的市場，尤其在除權息旺季時，逆價差更是明顯（詳見表2）。

表2　台股期貨於除權息旺季時逆價差明顯

——台股期貨2019年～2021年各月份價差點數

月份	2019 年價差點數	2020 年價差點數	2021 年價差點數
1 月	-16	-2	-62
2 月	-13	-9	-47
3 月	-34	-260	-40
4 月	-10	-118	-93
5 月	0	-41	-90
6 月	**-208**	**-170**	**-99**
7 月	**-160**	**-150**	**-182**
8 月	-31	-46	-82
9 月	-53	-69	N/A
10 月	-16	-41	N/A
11 月	-9	-51	N/A
12 月	-30	-125	N/A

註：1. 價差點數為結算日當天近月合約／遠月合約轉倉收盤價；2. 資料統計至
2021 年 8 月結算日；3. N/A 表示無數據
資料來源：台灣期貨交易所

　　原因在於，台股期貨結算時，是以結算日當天加權指數收盤前 60
分鐘的算術平均價結算，所以最終的結算價位會與加權指數相近，
而加權指數是由上市公司的股價加權計算而來。但當個股除權息時，
股價會「蒸發」，此時便會影響加權指數。

所以有不少個股要除權息時，市場便會預先將除權息影響的點數計算進去，導致台股期貨的近月、遠月合約出現逆價差。

有著明顯差距的逆價差，對槓桿型 ETF 的轉倉來說非常有利，因為投資人可以賺到轉倉的價差點數。如果除權息之後，多數個股又能夠填權息，投資人等於利用槓桿型 ETF 先賺轉倉的價差點數、再賺息值報酬！加上槓桿型 ETF 的報酬為單日結算，整體的報酬率在複利的機制下，波段操作有機會比原型 ETF 的報酬率乘以 2 倍還要更好。

波段操作3步驟，透過技術面找買賣點

在操作策略上，有 1 個大前提，那就是仍以「波段操作」為主軸，有 3 個實戰步驟：

步驟 1》確認為向上趨勢盤

接近除權息旺季時，想用槓桿型 ETF 參與，第 1 個步驟是先確認當下的大盤走勢，大盤有可能是向上趨勢盤、向下趨勢盤、或是區間盤整盤。適合進場的盤勢為向上趨勢盤。

對投資人來說，要判斷大盤趨勢是向上或向下並不容易，但初期

可以觀察以下幾個指標，再慢慢增加、調整，找出自己最「對味」的觀察項目。入門的觀察指標，包含：

指標①》總經數據

台灣為出口導向的國家，所以相關的數據都會影響經濟和股市，可觀察「外銷訂單統計」、「採購經理人指數（Purchasing Managers'Index，PMI）」等。

◎外銷訂單統計：每個月會由經濟部統計處公布數據，較佳的情況為外銷訂單金額的年增率、月增率皆為正數。

◎採購經理人指數：每個月由國家發展委員會公布，是每個月對受訪企業的採購經理人進行調查，並依調查結果編製而成的指數，指數介於 0% 至 100% 之間，若高於 50%，表示製造業景氣正處於擴張期（Expansion），若低於 50%，表示處於緊縮期（Contraction）。擴張期對向上趨勢盤較為有利，不過，同時也要注意過熱風險（詳見圖 2）。

指標②》技術線型

有了總體經濟的方向，接著可以觀察大盤的技術線型，最好呈現短天期均線在上、長天期均線在下的多頭排列結構，或是即將走為

多頭排列。

步驟 2》拉回碰到 10 日線為買點

判斷盤勢為向上趨勢後，下一個步驟就是找買點。最簡單的判斷方式，就是股價拉回碰到 10 日線。由於均線為多頭排列，所以 10 日線、月線應為穩定向上，當短期出現震盪，就可以進場布局。

步驟 3》月線走平、跌破 10 日線為賣點

進場後，持續關注技術線型的走勢，盤中股價難免有波動，甚至偶爾會下跌觸及 10 日線，但是當月線快要走平或已走平時就得提高警覺！如果股價在此時拉回碰到 10 日線，且 10 日線也呈現走平或下彎，此時便可以當作出場點。

以交易量較大的元大台灣 50 正 2 舉例，2020 年 6 月，除權息旺季即將到來，此時均線雖未完全呈現多頭排列，但 5 日線 ＞ 10 日線 ＞ 20 日線（月線），且 60 日線也出現上彎，判斷即將走為多頭排列的格局（詳見圖 3）。

同年 6 月 12 日，股價拉回跌破 10 日線，以收盤價每股 48.49 元買進，接著盤勢的大方向一路向上，雖然股價一度有拉回碰到 10 日線，但因為月線持續上彎，故續抱。直到同年 8 月 20 日，股價

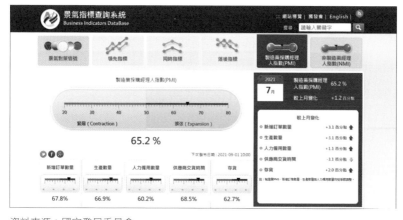

圖2　2021年7月製造業採購經理人指數為65.2%
——景氣指標查詢系統

資料來源：國家發展委員會

直接攧破 10 日線、月線，且月線有即將走平的趨勢、10 日線也下彎，因此於收盤時賣出，收盤價為每股 60.7 元。

　　從買進到賣出，共持有 48 個交易日，在不計手續費與證交稅的狀況下，持有元大台灣 50 正 2 的波段報酬率為 25.18%。同期間，大盤的加權指數從 1 萬 1,429 點來到 1 萬 2,362 點，累計上漲 8.16%，對應的原型 ETF，即元大台灣 50（0050），股價從每股 88.25 元，上漲至每股 100.6 元，累計報酬率為 13.99%。

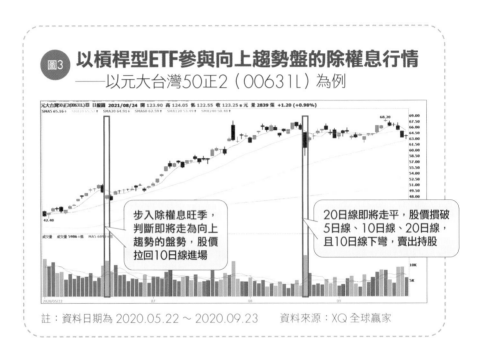

圖3 以槓桿型ETF參與向上趨勢盤的除權息行情
——以元大台灣50正2（00631L）為例

步入除權息旺季，判斷即將走為向上趨勢的盤勢，股價拉回10日線進場

20日線即將走平，股價摜破5日線、10日線、20日線，且10日線下彎，賣出持股

註：資料日期為 2020.05.22 ～ 2020.09.23　　資料來源：XQ 全球贏家

操作槓桿型ETF，須留意3重點

不過，在操作槓桿型 ETF 參與除權息行情時，須特別留意 3 重點：

重點 1》以「波段」為主軸

回歸到槓桿型 ETF 的本質，因為其設有單日結算機制，在大盤穩健續漲的狀況下，持有、並靠著複利，有機會能賺到比原型 ETF 的報酬率乘以 2 倍還要好的績效。但是，不要忘記若大盤下跌時，槓

桿型 ETF 也會出現 2 倍跌幅。因此，除了確認大盤為向上趨勢才進場外，一定要謹記是操作「波段」，不要把它當成存股。

重點 2》「進場、出場、加碼」皆要擬定完整策略

「進場、出場、加碼」都要擬定完整的策略，進場後，有時股價會拉回，但只要仍為多方結構，拉回反而有機會是加碼點。因此，進場時，可以分批布局，不用急著一次把資金買完，透過適度加碼來放大報酬率，但到了該停損的時候，絕對不能攤平或拗單，否則槓桿型 ETF 的下跌也會讓人損失慘重。

重點 3》以「曝險角度」計算部位

至於該布局多少資金來參與除權息行情？每個人的風險承受度不同，所以沒有一定標準，但要特別留意，因為槓桿型 ETF 為 2 倍槓桿，所以投資人應以 2 倍「曝險角度」來看待資金比重，例如買進 10 萬元的槓桿型 ETF，就會等同於有 20 萬元的資金曝險在市場上。

3-3 活用「正金字塔買法」適時抄底搶反彈

前面 3-1、3-2 已經介紹 ETF 當沖和除權息行情該如何布局，3-3 要來教大家，當股災發生時，該如何以 ETF 來抄底。

觀察台股過去 30 多年的歷史走勢可以發現，股價不可能永遠呈現上漲趨勢。當股價漲多時，勢必會被向下拉回；當股價跌深時，也勢必會向上反彈（詳見圖 1），也就是台股大盤會出現所謂的「均值回歸（詳見名詞解釋）」現象。

不過，雖然同樣是均值回歸，但面對「漲多拉回」和「跌深反彈」這 2 種不一樣的情況，投資人的心情卻可說是大不相同。

在面對漲多拉回時，投資人頂多覺得惋惜，認為少賺了一些獲利，但在面對跌深反彈時，多數人卻受不了最初股市「跌跌不休」的局面，常常撐不到反彈出現就已被淘汰出局。然而站在旁觀者的立場

圖1 **台股過去漲多必會拉回、跌深必會反彈**
——加權指數月線圖

註：資料日期為 1987.01.06 ～ 2021.08.02　　　資料來源：XQ 全球贏家

💰 **名詞解釋**

均值回歸

均值回歸是指一項資產的價格會隨著時間的推移趨向於平均價格。也就是當股價漲多以後，會向下靠近均值；當股價跌深以後，會向上趨近均值。

會發現，這樣做其實很可惜。

　　就如同股神巴菲特（Warren Buffett）說：「在別人恐懼時我貪婪。」若是投資人能在股價低點時勇敢進場抄底，就有望拉低買進

成本，之後只要坐等股價反彈，就有機會大賺一筆。

ETF追蹤指數，故股價具有均值回歸特性

抄底該用什麼投資工具？個股可能會有跌了再也彈不起來，甚至出現公司倒閉等問題，但 ETF 持有一籃子股票，追蹤指數，股價同樣具有均值回歸的特性，因此關於抄底，ETF 是再適合不過的投資工具了。

但問題又來了，這世界上根本沒有人能知道市場會跌多久、跌多深，究竟要怎麼抄底，才能抄得漂亮呢？很簡單，只需要善用「正金字塔買法」，穩健布局就行。

什麼是正金字塔買法？用 11 個字就能介紹清楚，那就是「愈跌愈買，且跌愈深、買愈多」。舉例說明你就能夠理解，例如當投資人面臨股價下跌時，可以設定 4 個不同的進場目標價，並將資金拆成 4 等分。

之後，當股價跌到第 1 個設定的目標價時，可以先加碼 10% 資金；當股價跌到第 2 個設定的目標價時，再加碼 20% 資金；當股價跌到第 3 個設定的目標價時，再加碼 30% 資金；當股價跌到第 4 個

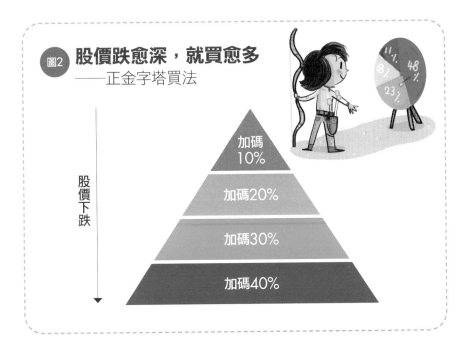

圖2 **股價跌愈深,就買愈多**
——正金字塔買法

股
價
下
跌

加碼
10%

加碼20%

加碼30%

加碼40%

設定的目標價時,再加碼 40% 資金(詳見圖 2)。

　這樣做的好處在於當股價下跌幅度愈大時,加碼的資金就愈多,因此可有效降低買進成本,等到股價反彈時,就能享有不錯的獲利。

3方法設定目標價,並分批布局

　至於目標價要怎麼設定?我們可以利用「大盤股價淨值比加碼

法」、「股價分區加碼法」和「樂活五線譜加碼法」來幫助判斷。以下我們就來介紹這 3 種方法：

方法 1》大盤股價淨值比加碼法

正金字塔買法中的第 1 種加碼方式，是以台股大盤的股價淨值比走勢進行判斷（可透過財報狗網站：https://statementdog.com/taiex，查詢目前數值），愈跌愈買，即大盤股價淨值比加碼法。

之所以利用大盤的股價淨值比做基準，是因為覆巢之下無完卵，通常大盤下跌時，ETF 的價格也會跟著下跌。故對於 ETF 研究不深或懶得做細部研究的投資人來說，可以利用此種方式輕鬆判斷加碼時機。

依照過去經驗來看，大盤的股價淨值比多位於 1.3 倍～ 2.2 倍之間（詳見圖 3），高於 2.2 倍代表大盤超級貴，而低於 1.3 倍代表大盤超級便宜。因此，我們可以用這個區間作為 1 個標準，將之切分成多個區塊，之後股價淨值比每下跌 1 個區塊，加碼資金就多10%。

例如當大盤股價淨值比從 2.2 倍跌至 1.9 倍時，投資人可以加碼10%；跌至 1.6 倍時，加碼 20%；跌至 1.3 倍時，加碼 30%；跌至 1.3

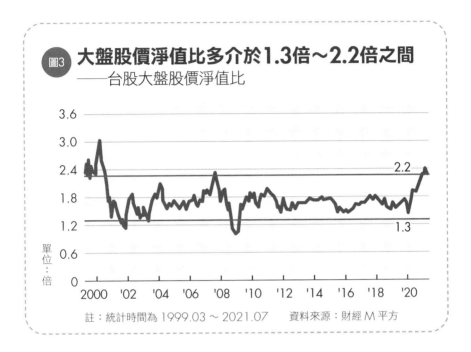

図3 **大盤股價淨值比多介於1.3倍～2.2倍之間**
——台股大盤股價淨值比

單位：倍

註：統計時間為 1999.03 ～ 2021.07　　資料來源：財經 M 平方

倍之下時，加碼 40%。

　　上述加碼方式是只要大盤從高點下滑，就開始進場加碼，較適合資金雄厚的投資人。但若你的資金有限，也可等到大盤變便宜以後再開始加碼，例如你可以在大盤股價淨值比跌到 1.6 倍時加碼 10%、1.3 倍時加碼 20%、1.3 倍以下時加碼 30% 以上。

　　或者，你也可以將資金拆成 4 份，在大盤股價淨值比 1.6 倍時加

碼 10%、1.45 倍時加碼 20%、1.3 倍時加碼 30%、1.3 倍以下時加碼 40%，端看你的資金多寡和個人偏好。

但要留意的是，若大盤位階較高，則要等到大盤股價淨值比跌至 1.6 倍以下可能需要很長一段等待時間，這時候就需要投資人耐心等候。

此外，此種加碼方式較適合用於與台股大盤走勢連動的 ETF，例如一般的國內 ETF 等，不適合用在國外成分股 ETF、連結式 ETF、境外 ETF、槓桿型 ETF 和反向型 ETF。

方法 2》股價分區加碼法

正金字塔買法中的第 2 種加碼方式是股價分區加碼法，以個別 ETF 的近期股價高點為基準，依比例往下區分成不同階段，且跌愈深、買愈多。

例如當股價從近期高點下跌 10% 之後，就投入 10% 的資金；當股價下跌 20%，就投入 20% 的資金；當股價下跌 30%，就投入 30% 的資金；當股價下跌 40%，就投入 40% 的資金。

我們以投資人最喜歡的 ETF——元大台灣 50（0050）為例，進

行說明。

　　假設投資人預計投入的總資金為 10 萬元，則以近期 0050 的高點 2021 年 8 月 5 日的最高價 139.45 元來看，若利用正金字塔買法中的股價分區加碼法，則：

　　當股價下跌 10% 之後，也就是股價來到 125.5 元時（小數點第 2 位以後四捨五入，以下同），投資人可以加碼 10% 資金，也就是 1 萬元；當股價下跌 20%，來到 111.56 元時，投資人可以加碼 20% 資金，也就是 2 萬元；當股價下跌 30%，來到 97.62 元時，投資人可以加碼 30% 資金，也就是 3 萬元；當股價下跌 40%，來到 83.67 元時，投資人可以加碼 40% 資金，也就是 4 萬元。

　　股價分區加碼法的好處在於使用上非常簡單，只要抓出近期高點就可以設算進場的目標價，但其在使用上，有幾點需要注意：

　　①若股價下跌後出現快速反彈，則投資人因布局尚未完成，可能會損失價格上漲的獲利空間。

　　②若股價跌幅超過預期，例如原本預期股價最多只會跌 40%，但最後卻跌到 60% 的話，則由於手中資金早已投入，當股價跌幅超過

預期時，仍有暫時套牢之風險，投資人須留意。

③此種加碼方式不適合用在槓桿型 ETF 和反向型 ETF 上。

方法 3》樂活五線譜加碼法

正金字塔買法中的第 3 種加碼方式是樂活五線譜加碼法，是依據該檔 ETF 的股價目前位於樂活五線譜中的哪一個位階，來決定要加碼多少金額的方式（樂活五線譜查詢方式詳見圖解教學）。

什麼是樂活五線譜？樂活五線譜是部落格「股息現金流被動收入理財的心路歷程」的已故版主艾倫（Allan Lin）與知名網路財經作家薛兆亨教授、tivo 共同開發的一套投資方法，是由 5 條線所組成的 1 個模型，其畫法如下：

首先，以統計學的方法來計算一段時間（時間可以自行調整，此處預設為半個景氣循環的時間 3.5 年）的平均價格，並畫出 1 條股價趨勢線。

接著，在趨勢線之上加 1 個標準差畫成相對樂觀線，加 2 個標準差畫成樂觀線，以及在趨勢線之下減 1 個標準差畫成相對悲觀線，減 2 個標準差畫成悲觀線。

圖4 **當股價落在趨勢線以下，愈跌愈買**
——樂活五線譜加碼法

樂觀線

相對樂觀線 　　　　　　　　往上加2個標準差

　　　　　往上加1個標準差

趨勢線

　　　　　往下減1個標準差

相對悲觀線 　　　　　　　　往下減2個標準差　加碼10%

悲觀線 　　　　　　　　　　　　　　　　　加碼20%

　　根據統計學，資產價格絕大部分會落在正負 2 個標準差內，這表示在一般情況下，當價格觸碰到相對樂觀線或樂觀線時，會向下修正；當價格觸碰到相對悲觀線或悲觀線時，會向上調整。

　　也就是說，當股價落在相對悲觀線或悲觀線時，股價再往下跌的機率不高，因此，投資人可以利用金字塔策略買法，在股價跌入悲觀區（指趨勢線以下的區域）時，愈跌愈買（詳見圖4）。

　　例如在價格跌至樂活五線譜的相對悲觀線時，加碼 10%、跌全悲觀線時，加碼 20% 以上。

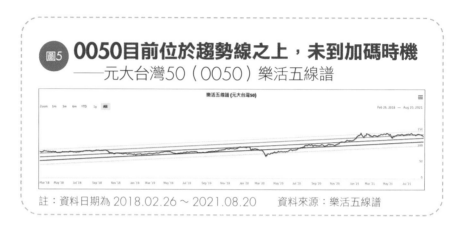

圖5 **0050目前位於趨勢線之上，未到加碼時機**
——元大台灣50（0050）樂活五線譜

註：資料日期為 2018.02.26 ～ 2021.08.20　　　資料來源：樂活五線譜

或者，如果你口袋比較深，也可以不用執著於要等股價跌到悲觀區時才加碼，而是以目前股價位置為標準，將資金拆成 4 等分，當股價每下跌 1 條標準差線時，就多加碼 10%。

假設目前股價位在樂觀線之上，則當股價跌至相對樂觀線時，就加碼 10%；跌到趨勢線時，就加碼 20%；跌到相對悲觀線時，加碼 30%；跌到悲觀線時，加碼 40%。

這裡同樣以 0050 為例，從圖 5 中可以看出，0050 在 2021 年 8 月 20 日的收盤價為 130.75 元，位於樂活五線譜的趨勢線（126.59 元）之上。因此，對於投資人來說，可以等到股價跌至相對悲觀線（115 元）時，加碼 10%；股價跌至悲觀線（103.31 元）

時，加碼 20%。

反向型、商品型ETF不適用樂活五線譜加碼法

但要注意的是，在使用樂活五線譜加碼法時，必須確定該檔 ETF 的樂活五線譜曲線是呈現「正斜率」（左下到右上）的狀態，才不會愈攤愈平，且該檔 ETF 必須具備「均值回歸」的特質，故不能將之用在槓桿型 ETF、反向型 ETF 上。

另外，由於樂活五線譜在繪製時是以一般景氣循環週期為主，故對於景氣循環週期與一般景氣循環週期不同的 ETF，像是商品型 ETF 與商品期貨型 ETF 等，也不適合用此種方式進行加碼。

圖解教學 查詢ETF股價的樂活五線譜位階

STEP 1

前文提到，樂活五線譜加碼法是依據該檔ETF的股價目前位於樂活五線譜中的哪一個位階，來決定要加碼多少金額的方式。以下我們就來教大家，如何查詢ETF目前位於樂活五線譜的哪個位階。首先，登入樂活五線譜網站（invest.wessiorfinance.com/notation.html）後，點選左方菜單的❶「樂活五線譜」。

STEP 2

將頁面下拉至樂活五線譜。在股票名稱或代碼（外國股票直接輸入代碼）＊填入想要查詢的ETF名稱或代碼，此處以元大台灣50（0050）為例，於空白處填上❶「0050」。填好後，直接點選下方的❷「繪圖」即可。

STEP 3　待頁面跳轉後，就能看到0050目前在樂活五線譜上的位階。以2021年8月20日的資料來看，0050位於樂活五線譜的趨勢線與相對樂觀線之間。

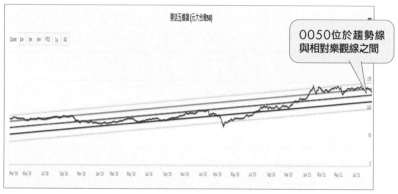

資料來源：樂活五線譜

掌握長線方針
安穩累積財富

4-1 聰明投資高息型ETF 創造長期穩定現金流

2-3 提及並介紹了目前台灣發行的高息型 ETF 共有 7 檔，依照掛牌時間先後順序，分別為元大高股息（0056）、國泰股利精選30（00701）、元大台灣高息低波（00713）、FH 富時高息低波（00731）、富邦臺灣優質高息（00730）、國泰永續高股息（00878）以及中信中國高股息（00882）。

在本章節中，前半段會帶你更深入了解高息型 ETF 適合什麼類型的投資人？高息型 ETF 該怎麼挑選？常見挑選指標有哪些等疑問，後半段則會探討高息型 ETF 的投資策略。

適合類型》從2疑問釐清是否投資高息型ETF

在考量是否要把高息型 ETF 納入投資組合前，投資人最常遇到的疑問分別有 2，以下簡單為大家做個說明：

疑問 1》高息型 ETF 適合誰？

　　高息型 ETF，相較於一般配息型 ETF 來說，往往具有配息金額高（連帶殖利率高）、配息穩定等特色，長期投資下往往能帶來穩定的現金流，非常適合存股族，或是想要長期領息、用股息創造穩定現金流的投資人，因此高息型 ETF 也被不少投資人列入長期存股的口袋名單中。

疑問 2》存「高息型 ETF」和存「單一個股」有何不同？

　　「存股」的概念雖然簡單好懂，但在實際操作上卻不見得是件易事，尤其是對投資新手來說更是如此。想存股，面臨的第 1 要務，就是得「挑選標的」；新手往往會不知從何選起，若要認真研究，可能還要細究個股的營收、財務、體質等面向，實在是費工又費時。

　　相較之下，長期投資高息型 ETF，除了能像投資個股一樣領股利外，更無須親自選股，且 ETF 也會定期審核成分股，自動汰弱留強。同時，再加上高息型 ETF 因為持有不同產業類型股票的緣故，比起長期存單一個股來說，更能達到分散風險的效果。

挑選方法》善用3指標篩出標的

　　台灣投資人特別偏愛高息型標的，不過投資高息型 ETF 時，最先

碰到的問題就是——高息型 ETF 這麼多檔，該怎麼挑才好？或是，ETF 發放的股息愈高，含息報酬就會愈好嗎？想用高息型 ETF 創造現金流，但長期投資下來究竟是賺還是賠等⋯⋯諸如此類的問題。因此，我們以常見的 3 大挑選指標，分別說明如下：

指標 1》產業與成分股

投資前要做的第 1 件事，就是「了解這檔 ETF」——了解它的指數特色、成分股組成；簡單來說，就是釐清 ETF 究竟投資了哪些產業、買了哪些股票。指數是 ETF 的核心，而不同指數會有不同的選股邏輯，也造就了 ETF 產業、成分股和比重的差異。現在我們就來比較一下，7 檔高息型 ETF 的持股產業差異在哪？主要成分股又有哪些？

除了中信中國高股息是以中國企業為成分股之外（前 3 大產業為中國的不動產、金融和能源業），其餘 6 檔的成分股皆為台灣上市櫃企業，而台灣多數的高息型 ETF 在持有產業分布上，有下列 2 大特色：

1. 金融股比重高：在高息型 ETF 中，有 4 檔持有金融股，分別為 00701、00731、00878 和 00713（詳見表 1）。當中又以國泰股利精選 30、FH 富時高息低波這兩檔的金融股持有比重最高，甚至遠高於其他產業比重，分別約占 61% 和 43% 左右。

表1 **國泰股利精選30的金融股占比高達6成**
──4檔持有金融股的高息型ETF

名稱（代號）	前3大產業（比重，%）	前3大持股（比重，%）
國泰股利精選30 （00701）	金融保險（61.36） 通信網路（12.67） 水泥工業（6.06）	中華電（9.28） 富邦金（8.97） 國泰金（7.44）
FH富時高息低波 （00731）	金融保險（43.01） 塑膠工業（11.35） 電腦周邊（11.16）	富邦金（8.16） 台　塑（7.18） 國泰金（6.63）
國泰永續高股息 （00878）	電腦周邊（24.20） 金融保險（23.28） 通信網路（9.15）	光寶科（4.12） 國　巨（3.92） 開發金（3.88）
元大台灣高息低波 （00713）	資訊技術（34.10） 日常消費（23.16） 金融保險（22.29）	統一超（9.28） 統　一（8.81） 台灣大（7.56）

註：資料日期為2021.08
資料來源：各大投信基金月報

　　之所以多數高息型ETF會將金融股納入成分，且比重不低，是因為金融股的「股性」具有營運獲利穩健、股息狀況穩定、股價牛皮波動低等特色，符合高息型ETF配息穩、股價低波動等訴求。若本身就偏愛金融股族群，喜歡金融股穩定、波動低的股性，或是本來就已經在存金融股的投資人，這4檔「含金量高」的高息型ETF，會是不錯的選擇。

2.電子股比重高：電子相關族群，如半導體、通訊網路和電腦周邊等，也時常出現在高息型 ETF 成分股的前 3 大產業名單中。台灣的高息型 ETF 中，就屬元大高股息、富邦臺灣優質高息這 2 檔 ETF 的電子相關產業比重較高，分別約為 59%、44%（詳見表 2）。

台灣是電子業重鎮，而電子類族群股性活潑、成長爆發力強勁，當中更有不少獲利年年成長、配息長期穩健向上的績優「成長股」，像是護國神山台積電（2330），就是最典型的電子類成長股範例。而若偏好投資電子類族群、想要有更大幅度的成長表現時，在挑選高息型 ETF 時，便可挑選首重電子股的 ETF 為優先考量。

在高息型 ETF 的共同持股中，還有一些重複性比較低的產業，像是水泥、生技、塑膠等，這些產業因多屬於景氣循環類，類股會有價格波動起伏大、股利配發不穩定等特性，因此通常占高息型 ETF 成分股的比重較低，在調整成分股時，也就容易有更動。

總結來說，喜歡股價低波動、配息穩定的投資人，可優先考慮金融族群比重高的 ETF；而在領配息的同時，還希望股價有較大的成長空間者，則可考慮電子類比重顯著較高的 ETF。

指標 2》基金規模與內扣費用

表2　0056的電子股占比約59%
——6檔持有電子股的高息型ETF

名稱（代號）	前3大產業（比重，%）	前3大持股（比重，%）
元大高股息 （0056）	資訊技術（58.69） 原材料（10.02） 工　　業（8.49）	長　榮（6.37）* 友　達（4.60） 大聯大（4.03）
富邦臺灣優質高息 （00730）	電子類股（43.99） 水泥工業（19.97） 生技醫療（10.54）	台　泥（9.99） 亞　泥（9.98） 光寶科（8.74）
元大台灣高息低波 （00713）	資訊技術（34.16） 日常消費（23.16） 金融保險（22.29）	統一超（9.28） 統　一（8.81） 台灣大（7.56）
國泰永續高股息 （00878）	電腦周邊（24.20） 金融保險（23.28） 通信網路（9.15）	光寶科（4.12） 國　巨（3.92） 開發金（3.88）
國泰股利精選30 （00701）	金融保險（61.36） 通信網路（12.67） 水泥工業（6.06）	中華電（9.28） 富邦金（8.97） 國泰金（7.44）
FH富時高息低波 （00731）	金融保險（43.01） 塑膠工業（11.35） 電腦周邊（11.16）	富邦金（8.16） 台　塑（7.18） 國泰金（6.63）

註：1.資料日期為2021.08；2.*長榮在元大投信基金月報中歸類為「工業」；3.電
　　子類股族群以紅字標示
資料來源：各大投信基金月報

　　1. **基金規模**：為什麼要考量基金規模呢？因為基金規模的大小，會連帶影響該檔ETF的「經理費率」。一般來説，多數ETF在經理費率上，都是採「規模愈大，經理費率愈低」為原則設計。就拿元

大高股息來說，當基金規模在 100 億元以下時，經理費率為 0.4%，但當規模來到 300 億元以上時，經理費率僅剩下 0.3%（詳見表3）。不過這也不是通則，也是有 ETF 經理費率是固定的，像是國泰股利精選 30 的經理費率就不會隨基金規模變化而變動，而是固定在 0.3%。

再來，需要看「基金規模」的第 2 個原因，就是檢視該檔 ETF 有無被「清算下市」的風險。而 ETF 下市的條件，依照不同類型的 ETF 有不同的門檻，有些是看規模，有些則是看淨值，例如股票型 ETF 的清算下市條件，就和債券型、期貨型 ETF 不同！

股票型 ETF 是以近 30 個交易日，平均規模小於 1 億元，就算達到清算門檻。倘若投資人長期持有的 ETF 被清算下市，除了可能會出現虧損情況外，更會使得投資人想利用股息來創造被動現金流的計畫被迫中止。

基金規模通常也能看出該檔 ETF 的人氣，多數時候基金規模愈大，申購該檔 ETF 的人通常也愈多，而在這 7 檔高息型 ETF 中，目前以元老級的元大高股息基金規模最大，逾新台幣 800 億元。基金規模其次，且破百億元的，分別為相對年輕的國泰永續高股息和中信中國高股息，雖然成立時間短，卻聚集了不少投資人氣。

表3　多數ETF的基金規模會影響其經理費率高低

——高息型ETF的基金規模及內扣費用

名稱 （代號）	基金規模 （億元）	經理費率 （%）	保管費率 （%）
元大高股息 （0056）	803.09	100 億元（含）以下：0.40 100 億元～300 億元（含）：0.34 300 億元以上：0.30	0.035
國泰股利精選 30 （00701）	38.29	0.30	0.035
元大台灣高息低波 （00713）	35.49	20 億元以下（含）：0.45 20 億元以上～50 億元（含）：0.35 50 億元以上：0.30	0.035
富邦臺灣優質高息 （00730）	12.37	20 億元（含）以下：0.45 20 億元（不含）～50 億元（含）：0.35 50 億元（不含）以上：0.30	0.035
FH 富時高息低波 （00731）	1.52	20 億元（含）以下：0.45 20 億元～50 億元（含）：0.35 50 億元以上：0.30	0.035
國泰永續高股息 （00878）	218.26	50 億元（含）以下：0.30 50 億元以上：0.25	0.035
中信中國高股息 （00882）	175.75	50 億元（含）以下：0.50 50 億元以上：0.45	0.180

註：1. 資料日期為 2021.08.19；2. 基金規模幣別皆以新台幣計算

資料來源：MoneyDJ、各大投信基金月報

不過要注意的是，基金的規模和淨值並非固定不變，可至各大投信網站或其他財經平台（如 MoneyDJ），查詢基金規模的最新相關資訊。

2. 內扣費用： 內扣費用愈高，所吃掉的最終報酬也會愈多，因此，投資人所樂見的，不外乎就是內扣費用相對低的標的；而在多數基金網站或公開說明書中，最常見的內扣費用項目就是「經理費」和「保管費」。但其實，內扣費用總額還包含買賣周轉成本、雜支等其他相關費用，會直接從基金的淨值中扣除。

以基金規模 800 多億元的 0056 來說，目前經理費率區間為 0.3%，保管費率為 0.035%，但總管理費用率卻是 0.66%（含 0.26% 非管理費用）。而每檔 ETF 在內扣費用上的規定不同，細節可參照該 ETF 的公開說明書，或至所屬基金投信公司網站查詢。

從表 3 中可發現，大部分高息型 ETF 在經理費率和保管費率上差異不大，僅有以投資陸股為主的 00882，在經理費率和保管費率上都相對高出其他台股高息型 ETF 不少。

指標 3》配息與報酬

配息情況和報酬表現，是評估 1 檔高息型 ETF 究竟是否值得投資

圖1 ETF發息通常在除息階段的下1個月
——ETF配息的4階段

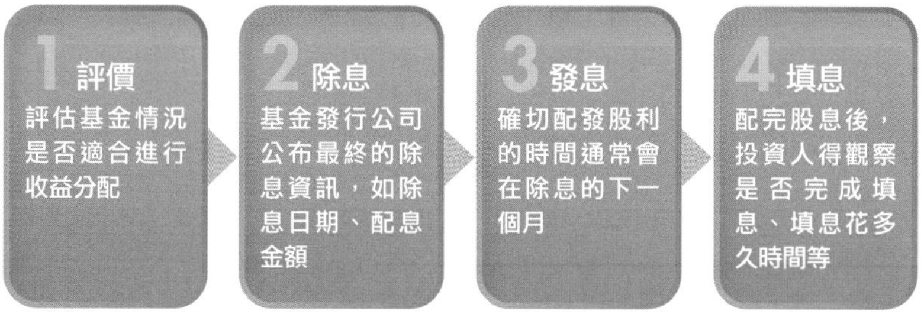

1 評價
評估基金情況是否適合進行收益分配

2 除息
基金發行公司公布最終的除息資訊，如除息日期、配息金額

3 發息
確切配發股利的時間通常會在除息的下一個月

4 填息
配完股息後，投資人得觀察是否完成填息、填息花多久時間等

時，最常見、也最普遍的指標。而投資高息型 ETF，不外乎就是希望能透過股息來創造現金流，且不只要配得出息、配得穩，更要配得高才行！一般來說，ETF 在配息時，會歷經下面這 4 個階段（詳見圖 1）：

1. **評價階段**：此階段指基金發行公司（投信）會針對基金的收益情況，評估是否要進行收益分配，若有進行收益分配，會在此時「擬定」未來要配息多少的內部評估過程。而基金的收益情況，會以 ETF 的「收益評價日」為主，通常為規定月份的最後 1 個交易日為「評價基準日」，可在各大 ETF 的公開說明書中找到相關資訊。

2. **除息階段**：在經過前面基金公司內部的評價階段後，假如決定參加除息，則會在此階段公布最終的除息資訊，如除息日期、配息金額等。

3. **發息階段**：該階段指的就是確切配發股利的時間，通常會在除息的下一個月進行。

4. **填息階段**：除息後，除息前一日收盤價與除息後價位間留下一個價位缺口，若股價回升超過除息前一日的收盤價，就稱為「填息」。 ETF 和個股一樣，配息後，投資人得觀察是否完成填息、填息花多久時間等，若沒有填息，則可能拿了股息卻賠了價差。

多數高息型 ETF 都會完整走完上面這 4 個階段，以年配的 0056 為例，依照公開說明書中的規定，每年 9 月的最後一個交易日為 0056 的評價基準，而 0056 的除息時間會落在評價時間的下一個月——10 月，而真正配發股利的時間，則落在 11 月左右。

不過，每檔 ETF 在收益分配上，從決定除息再到最後的發息時間天數規定不同，有些 ETF 是規定除息後的 45 個交易日內要發息，有些則更久，也有的 ETF，評價和除息時間落在同個月，要以基金公開說明書上的規定為主。

表4　近5年來，0056平均75天完成填息
——高息型ETF填息與連續配息年數

名稱（代號）	掛牌時間	平均填息天數（天）			近 10 年連續配息年數（年）
		2020 年	近 3 年	近 5 年	
元大高股息（0056）	2007.12.26	28	52	75	10
國泰股利精選 30（00701）	2017.08.17	361	134	N/A	4
元大台灣高息低波（00713）	2017.09.27	36	94	N/A	3
富邦臺灣優質高息（00730）	2018.02.08	24	53	N/A	3
FH 富時高息低波（00731）	2018.04.20	31	129	N/A	3

註：資料日期至 2021.08.31；除權息相關資訊為股利發放年度
資料來源：Goodinfo! 台灣股市資訊網

再來，我們看看這 7 檔高息型 ETF，近年來 ETF 的配發股息及填息的表現。截至 2021 年 8 月，季配的國泰永續高股息在 2020 年僅配過 1 次股息，未達完整一個年度，再加上 2021 年尚未完全配息結束，故無法計算相關年均數值；而於 2021 年 2 月掛牌的中信中國高股息，成立時間同樣過短，亦不到完整 1 年，故兩者皆暫不列入表 4 的比較名單中。

從表 4 可觀察到，多數的高息型 ETF 成立時間都在 3 年～ 5 年，僅有 0056 掛牌至今超過 10 個年頭，故無法觀察所有高息型 ETF 的中長期填息狀況。

觀察 2020 年和近 3 年的填息表現，國泰股利精選 30 和 FH 富時高息低波都有超過 100 天才完成填息的紀錄，而其餘高息型 ETF 多在 100 天內即完成填息。值得一提的是，0056 上市時間最久，但不論是近 3 年、5 年還是 10 年，竟都不超過 100 天完成填息，0056 的填息表現可說是非常穩定。

而最常見、也是最多投資人重視的挑選指標就是報酬，畢竟這是最直接關乎投資是否獲利的指標，也是評估一檔 ETF 是否值得長期投資的基礎，投資人也不想賺了股息卻賠了本金。

由於多數高息型 ETF 成立時間都在 3 年～ 5 年，故表 5 採「近 3 年報酬」排序。可發現，近 3 年報酬表現最佳的是元大台灣高息低波，近 3 年年化報酬率來到 16.77%，但仍低於台股加權報酬指數的 19.77%；而高股息 ETF 中報酬表現其次的為元大高股息，年化報酬率為 13.92%。其餘 3 檔近 3 年年化報酬率都未達 10%。

再來，我們來看看殖利率表現。從表 6 可看出，相較於殖利率動

表5　近3年來，台股大盤報酬表現優於高息型ETF
——高息型ETF與台股大盤報酬表現

名稱（代號）	掛牌時間	報酬表現（%）			
		近1年	近3年	近5年	近10年
加權報酬指數	N/A	39.39	19.77	10.97	10.97
元大台灣高息低波 （00713）	2017.09.27	42.46	16.77	N/A	N/A
元大高股息 （0056）	2007.12.26	18.27	13.92	12.58	7.45
國泰股利精選30 （00701）	2017.08.17	22.33	8.82	N/A	N/A
FH富時高息低波 （00731）	2018.04.20	31.25	8.48	N/A	N/A
富邦臺灣優質高息 （00730）	2018.02.08	30.46	6.72	N/A	N/A

註：1.資料日期為2011.08.01～2021.07.31；2.ETF報酬率為淨值年化報酬率
（含息）
資料來源：晨星、MoneyDJ

輒4%、5%起跳的多數高息型ETF，台股大盤的殖利率表現似乎沒那麼亮眼。

上述的報酬與殖利率表現差異，是由於高息型ETF的選股標準中，殖利率是一人考量，而通常是較為成熟產業才能繳出較高的殖利率，而在台股中，許多個股基於公司成長考量，配息水準並不一定能吻

合高息型 ETF 的要求，這也是大盤在殖利率表現上，相對於高息 ETF 殖利率低的主要原因之一。

策略》依照3步驟布局並決定加碼時機

在掌握如何挑選高息型 ETF 之後，接下來探討高息型 ETF 的投資策略。在挑選適合自己的高息型 ETF 之後，就要開始著手設定自己的投資目標，下列以 0056 作為投資範例說明：

步驟 1》用收益目標反推投資本金

一般來說，在做長期投資規畫時，會以較長（如 5 年或以上）的時間區間作為基準；假設 A 投資人想利用 0056 來做中長期投資，並希望 5 年之後能夠每年收取到至少超過 1 萬元的現金股利，那麼這段期間他至少該投入多少金額、買入多少單位（股）的 0056 呢？

以近 5 年為觀察基準，0056 的年均股價約為 25.95 元、年均現金股利為 1.42 元，換算年均現金殖利率約為 5.47%。若要達到年配息金額超過 1 萬元，則至少要買 7,043 股（＝ 10,000/1.42，無條件進位），也就是 7 張又 43 股，若以年均股價 25.95 元計，則至少要投入 18 萬 2,765 元（＝ 7,043 股 ×25.95 元），才能達到年領逾 1 萬元現金股利的目標。

表6

近3年來，0056年均現金殖利率近6%
——高息型ETF與台股大盤殖利率

名稱（代號）	年均現金殖利率（%）		
	近1年	近3年	近5年
元大高股息（0056）	5.61	5.98	5.48
元大台灣高息低波（00713）	5.31	5.17	N/A
FH 富時高息低波（00731）	4.55	4.70	N/A
富邦臺灣優質高息（00730）	4.91	4.67	N/A
加權報酬指數	2.99	3.86	3.97
國泰股利精選 30（00701）	7.94	3.62	N/A

註：1. 資料日期為 2016 年～ 2020 年；2. 股利依發放年度而定；3. 殖利率計算
採四捨五入至小數點第 2 位
資料來源：Goodinfo! 台灣股市資訊網、台灣證券交易所

或許你會覺得年領股利 1 萬元太少。如果想要領更多股利，我們亦能用這個方式來回推預期收益以及投資所需本金。

同樣以0056為標的，假若 5 年之後要達成相當於月領 3 萬元（等於年領 36 萬元）股利，則需要買進至少 25 萬 3,522 股（＝ 36 萬元 /1.42 元，無條件進位），也就是 253 張又 522 股零股，若以近 5 年均價 25.95 元計，則代表 5 年之內需要至少 657 萬 8,896 元（＝ 253,522 股 ×25.95 元）的投資本金。

步驟 2》決定採用單筆投資或定期定額買進

　　這些投資本金究竟是分批投入，還是單筆投資的表現更佳？此外，分批投資有很多種方式，如定期定額、定期定股，或是定期不定額、定額不定股等方式，在資金投入的比較上，這邊採最多人熟知的定期定額（1年1買），和單筆投資做最終的報酬比較。計算說明如下：

　　1. 投資時長：5年（2016年年初～2020年年末）。

　　2. 單筆投資：本金為60萬元，於第1年的第1個交易日買進，並於最後1年的最後1個交易日賣出，交易價格皆以當日之收盤價計算。期間領有的股利皆不再投入買股，並將5年所領取的總股息納入最後的報酬金額中計算。

　　3. 定期定額：總本金為60萬元，每年投資額度為12萬元，同樣於每年第1個交易日買進，期間領取之股利同樣不再投入買股，並於最後1年的最後1個交易日賣出。

　　4. 相關費用：如手續費等暫時不列入計算考量。

　　首先，抓出0056這5年來每年的現金股利資料，並算出每年可領取的現金股利金額。由於單筆投資的關係，持有股數在第1年買

進後就不再變動。

本金 60 萬元，以 2016 年第 1 個交易日（1 月 4 日）之收盤價 21.48 元計，共可買進 2 萬 7,932 股（27 張 932 股），5 年下來，現金股利總額共 19 萬 8,315 元。

於第 1 年第 1 個交易日（2016 年 1 月 4 日）時，以 21.48 元買進 2 萬 7,932 股，持有至最後 1 年的最後 1 個交易日（2020 年 12 月 31 日）以 29.95 元售出，全數賣出後得到 83 萬 6,563 元，再加上 5 年來的現金股利 19 萬 8,315 元，最後持有金額共為 103 萬 4,878 元，得出 5 年來累積報酬率為 72.48%、年化報酬率為 11.52%（詳見表 7）。

再來，計算定期定額投資報酬率。這裡計算的定期定額採一年一買，本金 60 萬元平均分配在 5 年投入，每年投入金額為 12 萬元，每年的第 1 個交易日買進，並在最後 1 年的最後 1 個交易日賣出，為方便計算，買賣價皆以收盤價計，得出表 8 結果。

5 年下來，最終持有股數為 2 萬 4,709 股（24 張 709 股），領取的股利總額為 11 萬 6,627 元。以最後 1 年的最後 1 個交易日收盤價賣出所有持股，所得金額為 74 萬 34 元，再加上 5 年來

單筆投資0056，近5年年化報酬率約11.5%

◎單筆投資0056每年股利金額——股利不投入

年度	持股總數（股）	當年現金股利（元）	當年領取股利金額（元）
2016	27,932	1.30	36,311
2017	27,932	0.95	26,535
2018	27,932	1.45	40,501
2019	27,932	1.80	50,277
2020	27,932	1.60	44,691
小計	27,932	—	198,315

◎單筆投資0056持有5年後總報酬——股利不投入

持股總數（股）	買進價（元）	賣出價（元）	賣出金額＋股利總額（元）	含息累積報酬率（％）	含息年化報酬率（％）
27,932	21.48	29.95	1,034,878	72.48	11.52

註：1.買進價為2016.01.04收盤價、賣出價為2020.12.31收盤價；2.股利、持股總數以無條件捨去至整數；3.股利為股利發放年度，且不再投入買股
資料來源：Goodinfo!台灣股市資訊網、XQ全球贏家

的現金股利總額後，約為 85 萬 6,661 元，換算最後的年化報酬率為 7.38%。

這兩種方式，在一樣的投資本金下卻出現不同的報酬情況，有幾

定期定額買0056，近5年年化報酬率約7.4%

◎定期定額投資每年股利金額——股利不投入

買進日期	買進價 （元）	當年 投入總額 （元）	買進股數 （股）	當年參與 除息股數 （股）	現金 股利 （元）	當年 配息額 （元）
2016.01.04	21.48	120,000	5,586	5,586	1.30	7,261
2017.01.03	23.13	120,000	5,188	10,774	0.95	10,235
2018.01.02	25.13	120,000	4,775	15,549	1.45	22,546
2019.01.02	23.83	120,000	5,035	20,584	1.80	37,051
2020.01.02	29.09	120,000	4,125	24,709	1.60	39,534
小計	－	600,000	24,709	－	－	116,627

◎定期定額投資0056持續5年後總報酬——股利不投入

持股總數 （股）	賣出價 （元）	賣出金額＋股利 總額（元）	含息累積報酬率 （％）	含息年化報酬率 （％）
24,709	29.95	866,661	42.78	7.38

註：1.賣出價為2020.12.31收盤價；2.股利、持股總數以無條件捨去至整數；3.股
　　利為股利發放年度，且不再投入買股
　　資料來源：Goodinfo!台灣股市資訊網、XQ全球贏家

個原因：

1. **股價走勢向上時，會墊高定期定額成本；但股價走勢向下時，會降低單筆投資報酬**：觀察 0056 這 5 年來股價變化，雖然漲幅不

大，但都是呈現逐步上漲的格局。定期定額投入時，會買到高點、也可能會買到低點，這也是攤平成本的概念，但若是像 0056 這樣股價逐步往上的情況，定期定額的成本價也會隨著股價上漲而愈買愈貴；相較之下，單筆投資只有一個買進價，就沒有這個問題。上述試算中，單筆投資買進價 21.48 元，比定期定額買進均價 24.53 元，成本低了一些、報酬也就高了一點。

不過要注意的是，21.48 元剛好是 0056 這 5 年中的相對低點，但在實際操作上，股價基本上是無法預測的，也就是無法精準抓到最低點或最高點。假若單筆投資買在相對高點，股價走勢又不斷下跌，那最終報酬可能就不是這個結果了。

2. 同樣本金，單筆投資股利總額較高：單筆投資相較於定期定額，最大的優勢在於，每期（年）參與除息的「本金多」，本金多意味著持有股數多；持有股數多，每期領到的現金股利額就會高！雖然單筆投資下股數不再增加，但本金 60 萬元，每年就有 2 萬 7,932 股參與除息，得以創造不少現金流，5 年來股利總和就高達 19 萬多元（相當於每年領近 4 萬元股利），比起定期定額 11 萬多元的股利總額（相當於每年約領 2 萬多元），就差了不少。

不過，單筆投資和定期定額 2 種投資策略也沒有絕對的好壞，反

倒是各有各的優缺點。單筆投資策略比較適合自己能判別股價位階、手上資金足夠的投資人使用；而定期定額策略比較適合無法判斷股價相對高低、沒時間盯盤，或是投資資金有限的投資人。再加上長期下來，定期定額有攤平成本價的效果，也就是俗稱的「微笑曲線」，是較適合多數上班族或小資族的投資方式。

那麼，若是採定期定額，將每年領到的股利再投入買股，報酬又會如何呢？

因為每年的現金股利皆再投入買股，故最後 1 年的總持股數為 2 萬 7,812 股（27 張 812 股），最後 1 年可領的現金股利為 4 萬 4,499 元。

以同樣的計算邏輯，於最後 1 年的最後 1 個交易日，將持股全數賣出（以收盤價計），所得金額再加上最後 1 年領取之現金股利後，總額為 87 萬 7,468 元，轉換成年化報酬率約為 7.9%（詳見表 9），是不是比前述「定期定額投資，但股利不再投入買股」的報酬 7.38% 高上一些？因此，定期定額報酬率要高的關鍵之一，就是股利得再投入，藉由複利放大報酬表現！

如果想做報酬試算的朋友，其實也不用自己整理資料、製作表格，

費工又耗時，市面上或各大網站上有很多可以免費使用的試算工具，如 MoneyDJ、鉅亨網等，都可以善加利用喔（詳見圖解教學）！

步驟 3》用殖利率評估加碼時機

在上述內容中，我們介紹了單筆投資、定期定額等不同資金的投入方式，也了解到造成報酬差異的主要原因，例如進場時機點、股息再投入的不同等。而在實際進行投資時，不論是單筆投資或是定期定額，都有可能會碰到一個問題：在投資期間，如果中途想利用加碼來提升整體報酬，該怎麼判定哪個時機點進場較適合？這邊提供了一個簡單易懂又實用的工具，來輔助讀者、投資人做進場時機點判斷，這個工具就是「現金殖利率」。

現金殖利率又稱為「股利率」。將現金存入銀行會發放利息，投資股票每年則會配發現金股利，因此，現金殖利率常被拿來和銀行存款利率做比較。一般來說，股票平均現金殖利率若達 4% 以上，經常被視為適合做長期投資的標的。現金殖利率公式如下：

現金殖利率＝現金股利 ÷ 買進股價 ×100%

假如你期望 ETF 的中長期年均殖利率能維持在 5% 以上，那麼購買的價格就是關鍵了，畢竟股利是投資人不可控的因素，若買進的

表9 將股利再投入，可拉高定期定額投資報酬率

◎定期定額投資每年股利金額——股利再投入

買進日期	買進價（元）	當年投入總額（元）	買進總股數（股）	參與除權息股數（股）	現金股利（元）	當年配息額（元）
2016.01.04	21.48	120,000	5,586	5,586	1.30	7,261
2017.01.03	23.13	127,261	5,501	11,087	0.95	10,532
2018.01.02	25.13	130,533	5,194	16,281	1.45	23,607
2019.01.02	23.83	143,607	6,026	22,307	1.80	40,152
2020.01.02	29.09	160,152	5,505	27,812	1.60	44,499
小計	—	—	27,812	—	—	—

◎定期定額投資0056持續5年後總報酬——股利再投入

持有總股數（股）	賣出價（元）	賣出金額＋股利總額（元）	含息累積報酬率（%）	含息年化報酬率（%）
27,812	29.95	877,468	46.24	7.90

註：1.賣出價為2020.12.31收盤價；2.股利、持股總數以無條件捨去至整數；3.股利為股利發放年度，且隔年第1個交易日會再投入買股
資料來源：Goodinfo! 台灣股市資訊網、XQ 全球贏家

成本愈低，殖利率就會愈高！

　若以 2021 年 8 月 20 日的股價 32.26 元、近 1 年現金股利 1.6元計算，殖利率約為 4.95%（＝（1.6 元 /32.26 元 ×100%）

×100%），和長期年均殖利率 5% 的目標不符，因此不適合在此時做加碼。而當股價來到 32 元以下時，殖利率則上升至 5%（＝1.6 元 / 32 元 ×100%），此時便可考慮加碼。只要當時買進的殖利率，高過你設定的中長期的年均殖利率目標，就會是合適的加碼時機。

不過，由於殖利率會因為買進股價不同而變化，而現金股利發放金額對投資人來說又是較不可控的因素。因此，建議投資人可以透過分批買進等策略，來降低整體持有成本、提高殖利率及收益。

圖解教學　單筆投資、定期定額試算工具

STEP 1

首先，進入鉅亨網首頁（www.cnyes.com）後，點選❶「理財」中的❷「試算工具」。

STEP 2

接著，點選左側的投資試算下方的❶「基金試算」。出現試算工具之後，點選你要的投資策略，如❷單筆投資、每月定期定額或每年定期定額等。選好之後，再選取欲計算的項目，如❸計算每年投資金額、年報酬率或期末金額。選定後，在下方計算機空白處，輸入相關數值即可。

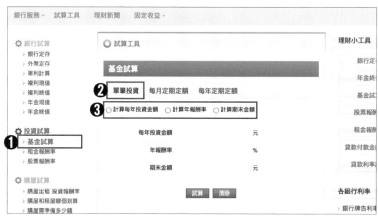

資料來源：鉅亨網

4-2 善用季配息ETF 2配置 打造月月收息組合

　　在 4-1 中，我們掌握了如何挑選高息型 ETF、如何利用高息型 ETF 的特性，以及各種收息投資策略來布局等。這章節中，我們將利用各種配息型 ETF 標的，來搭配出各種收益組合，並會介紹如何用台灣上市櫃中的 ETF 或個股，來配置出專屬自己的季配息組合，以及相關的資金分配規畫。

　　近年來，隨著 ETF 的投資熱度愈來愈高，不僅各種主題式 ETF 不斷問世、推陳出新外，發行價也有愈來愈低的趨勢（截自 2021 年 8 月為止，數檔新發行的 ETF 每股發行價為 15 元，等於 1 張 ETF 僅需 1 萬 5,000 元，價格上非常親民）。而在配息頻率上，從早期多數有配息的 ETF 多採年配或半年配，到近年新發行的 ETF，愈來愈多是採季配息。

　　不過，不少投資人可能會有疑問，「配息頻率」對投資有什麼實

質上的影響？一般來説，配息頻率愈密集、次數愈多，通常會有 2
大優勢：

優勢 1》加速複利速度

相較於 1 年領 1 次股利，股利再投入（領取之股利再拿來買股）
只能執行 1 次的情況，若是配息頻率變為半年配或季配息，投資人
拿到的現金股利，就能立即再投入，繼續增加持股數量，連帶後續
領到的現金股利將增加，可以加速投資複利速度。

優勢 2》減低繳二代健保補充保費機率

就以現行稅制來看，只要參與除權息，不管有沒有填權息，只要
單筆股利達 2 萬元（含）以上，就需課徵 2.11% 二代健保補充保費，
且補充保費會直接於股利中扣除。如果是季配息，因為每次領到的
股息金額較一次領的低，要達到繳交補充保費的門檻額度就相對困
難，對於投資人來説，股利分 4 次領，還能省下一筆錢當零用金或
加菜金。

標的》台股共有4檔季配息型的股票ETF

在進行 ETF 季配息組合前，我們先來看看，現行台灣上市櫃中，
有哪些股票型 ETF 在收益分配上，是採季配息的。

中信綠能及電動車目前尚未掛牌

名稱（代號）	追蹤指數	
國泰永續高股息（00878）	MSCI 臺灣 ESG 永續高股息精選 30 指數	
永豐台灣 ESG（00888）	富時臺灣 ESG 優質指數	
中信關鍵半導體（00891）	ICE FactSet 臺灣 ESG 永續關鍵半導體指數	
中信小資高價 30（00894）	臺灣指數公司特選小資高價 30 指數	
中信綠能及電動車（00896）	台灣指數公司特選台灣上市櫃綠能及電動車指數	

註：資料日期至 2021.09.08　　資料來源：各大投信、台灣證券交易所、櫃買中心

　　截至 2021 年 8 月為止，在台灣上市櫃的股票型 ETF 中，採季配息的 ETF 數量還不多，目前共有 4 檔，分別為國泰永續高股息（00878）、永豐台灣 ESG（00888）、中信關鍵半導體（00891）、中信小資高價 30（00894）；另外，本書撰寫時即將掛牌的中信綠能及電動車（00896）也是季配息。先來看看它們的基本資料（詳見表 1）。

　　關於這 5 檔 ETF 的詳細內容，可詳見本書的 2-3、2-4，像是 00878 為高息型 ETF 的一員、00891 為科技型 ETF 等，因此這邊單就以收息組合為主，不再重複介紹單一檔 ETF。

──5檔季配息的台灣股票型ETF

發行價（元）	掛牌日期	配息頻率	評價時間（月）	除息時間（月）
15	2020.07.20	季配	1、4、7、10	2、5、8、11
15	2021.03.31	季配	3、6、9、12	1、4、7、10
15	2021.05.28	季配	1、4、7、10	2、5、8、11
15	2021.08.13	季配	1、4、7、10	2、5、8、11
15	尚未掛牌	季配	2、5、8、11	3、6、9、12

　　根據這 5 檔 ETF 的基金公開説明書可得知，ETF 基金收益評價日將於評價當月進行，除息則會在評價後的下一個月進行。舉例來說，00891 會在每年的 1 月、4 月、7 月及 10 月的最後一個交易日為 ETF 評價基準，並會在接下來的一個月進行除息，即 2 月、5 月、8 月和 11 月，而真正配發股息的時間，則通常會落在除息的下個月。不過，由於發息時間是由 ETF 發行公司所決定，所以這邊統一以「除息時間」來作為資產配置組合的時間基準。

　　台灣市場中，雖有部分債券型ヒ朴是採月配息的，不過就台灣股票型 ETF 來説，目前並沒有月配型的 ETF 標的；但透過「00878

＋00888＋00896」、「00888＋00891＋00896」、「00888＋00894＋00896」，這 3 種季配息 ETF 配置，皆可打造月月收息的組合。但由於截至 2021 年 8 月，00894 掛牌未滿 1 個月，而 00896 尚未掛牌，亦無從得知未來的配息穩定度等資訊，因此暫不將這 2 檔 ETF 納入此次的收益配置名單中。

不過，能做到月月配息的組合實在太多，下列就以 2 種搭配方式（REITs ETF 和單一個股）為範例供讀者參考，但要留意，並不是只有這 2 種組合喔！更重要的是，對於小資族來說，要如何用最少資金來創造月月收息呢？現在我們就用這 2 個組合做示範，本金不用 5 萬元，就能輕鬆做到月月收息、每月給自己加薪！

配置1》股票型ETF＋REITs ETF

以下我們選用除息時間同樣落在 3 月、6 月、9 月及 12 月的 REITs ETF——FH 富時不動產（00712）作為配置的範例說明（REITs 簡介詳見 2-5），並依照除息時間（詳見表 2），配置出 2 種 ETF 組合：

組合 1》00888＋00878＋00712

在買進價格上，若以近 1 個月（2021 年 7 月）的月均收盤價計算，並針對這 3 檔 ETF 各買進 1 張（1,000 股），在不計入交易

用3檔季配息ETF配置月收息組合
—— 季配息ETF除息月曆

1月	2月	3月	4月
永豐台灣 ESG （00888）	國泰永續高股息 （00878） 中信關鍵半導體 （00891）	FH 富時不動產 （00712）	永豐台灣 ESG （00888）

5月	6月	7月	8月
國泰永續高股息 （00878） 中信關鍵半導體 （00891）	FH 富時不動產 （00712）	永豐台灣 ESG （00888）	國泰永續高股息 （00878） 中信關鍵半導體 （00891）

9月	10月	11月	12月
FH 富時不動產 （00712）	永豐台灣 ESG （00888）	國泰永續高股息 （00878） 中信關鍵半導體 （00891）	FH 富時不動產 （00712）

資料來源：各大投信

手續費等費用下，所需本金約為 4 萬 7,920 元，成功達到用新台幣 5 萬元內，配置出月月收息組合的目的。

表 3 中的資金部位配置僅供參考，投資人可依照各自的投資策略、

表3　5萬元內投資00888＋00878＋00712
——股票型ETF＋REITs ETF組合1本金試算

名稱 （代號）	除息時間 （月）	買進價 （元）	買進單位 （股）	費用 （元）
永豐台灣 ESG （00888）	1、4、7、10	15.32	1,000	15,320
國泰永續高股息 （00878）	2、5、8、11	18.38	1,000	18,380
FH 富時不動產 （00712）	3、6、9、12	14.22	1,000	14,220
			合計金額	47,920

註：1. 買進價為 2021.07 收盤均價；2. 費用以無條件捨去
資料來源：台灣證券交易所、櫃買中心

偏好，來調整買進單位數或資金占比，不一定得照著買進 1,000 股，比如像是 00712 近 3 個年度的年均現金殖利率為 5.57%，投資人想增加 00712 的比重，也可自行斟酌調整。

在產業分布上，00878 較偏重電子和金融（兩者比重接近），00888 偏重在半導體，00712 則是不動產業。若是想加重半導體的投資比重，將較多資金挹注在 00888 上，減少其他兩檔 ETF 的資金投入比重，亦是一種策略。

表4

5萬元內投資00888＋00891＋00712
——股票型ETF＋REITs ETF組合2本金試算

名稱 （代號）	除息時間 （月）	買進價 （元）	買進單位 （股）	費用 （元）
永豐台灣 ESG （00888）	1、4、7、10	15.32	1,000	15,320
中信關鍵半導體 （00891）	2、5、8、11	15.75	1,000	15,750
FH 富時不動產 （00712）	3、6、9、12	14.22	1,000	14,220
			合計金額	45,290

註：1. 買進價為 2021.07 收盤均價；2. 費用以無條件捨去
資料來源：台灣證券交易所、櫃買中心

組合 2》00888 + 00891 + 00712

第 2 個組合，不變的為 00888 和 00712，但以 00891 替代組合 1 中的 00878，原因在於除息時間相同。

用同樣的邏輯，組合 2 亦用近 1 個月（2021 年 7 月）的月均收盤價計算，且 3 檔 ETF 各買進 1 張，在不計算相關手續費下，僅需約 4 萬 5,290 元（詳見表 4），就能打造月月收息的資產配置。當然，投資人亦可做比重上的分配調整，這邊就不再多做贅述囉！

配置2》股票型ETF＋個股

　　相較於配置 1 為全部 ETF 的組合，第 2 種配置稍微不同，就是用季配型的 ETF 混搭季配型的個股！這個配置的重點在於，要找出能穩定每季發放配息，長期下來股價還能穩定成長的個股。相對於持股較為分散的 ETF 來說，個股所面臨的風險比 ETF 更高，因此這個組合中，在個股的挑選上就會是重要的關鍵。

　　以下 2 個組合，皆以營運穩健，而且自從採季配息制以來，股利發放都非常穩定的成長股──護國神山台積電（2330）為範例說明。台積電的除息時間，剛好也都落在每年的 3 月、6 月、9 月及12 月。

組合 1》00888 ＋ 00878 ＋ 2330

　　在買進價上，我們採與前文同樣的計算邏輯，以近 1 個月的收盤均價計。由於台積電股價明顯高過這兩檔 ETF 甚多，故為方便計算，我們先針對這兩檔 ETF 各買進 1 張，之後再將剩餘的金額用來買股價相對高的台積電。最後在不計入交易等費用的情況下，00878 和00888 各買進 1 張、台積電買進 27 股，亦能將總本金控制在 5萬元內（約為 4 萬 9,620 元），成功做到月月收息的配置（詳見表 5）。

表5 **5萬元內投資00888＋00878＋2330**
──股票型ETF＋個股組合1本金試算

名稱 （代號）	除息時間 （月）	買進價 （元）	買進單位 （股）	費用 （元）
永豐台灣 ESG （00888）	1、4、7、10	15.32	1,000	15,320
國泰永續高股息 （00878）	2、5、8、11	18.38	1000	18,380
台積電 （2330）	3、6、9、12	589.64	27	15,920
			合計金額	49,620

註：1. 買進價為 2021.07 收盤均價；2. 費用以無條件捨去
資料來源：台灣證券交易所、櫃買中心

組合 2》00888 ＋ 00891 ＋ 2330

組合 2 是將 00878 換成 00891，主因在於它們的除息月份相同，故在收息的資產配置上有互補替代性。表 6 同樣也是 2 檔 ETF 各買進 1 張，再買進台積電約 32 股，並以近 1 個月收盤價計，最後投入本金約為 4 萬 9,938 元，同樣完成本金 5 萬元內做到月月領息的目標。

由於 00888 的持股是以半導體產業為主（約 52.22%），

而 00878 則偏重電腦電子設備（約 25.68%）和金融保險（約 22.01%），因此若想降低資金過度集中在單一產業（半導體）的風險的投資人，可以考慮組合 1。

而組合 2 中的 00888、00891 都是以半導體為比重最大產業，可能比較適合喜歡集中投資、看好半導體未來前景的投資人。由於這 2 種組合當中都有護國神山台積電的配置，所以也滿適合本身就有在存台積電的投資人，可參考上述的配置，來打造月收配息的現金流組合。

同樣地，上述的資產配置，當然並非一定只能搭配台積電，投資人依然可以依照自身需求和策略調整。

想打造季收息組合，可透過年配、半年配ETF

而除了用季配息 ETF 打造月月收息的組合外，我們亦可用年配及半年配 ETF，來打造每季收息的投資組合。

1. 年配 ETF

表 7 是利用 ETF 的年配息時間不同，來配置每季至少有 1 次除息的組合。大致上有 3 種組合，固定的 ETF 配置班底為第一金工業

| 表6 | **5萬元內投資00888＋00891＋2330** | | | | |
| | ——股票型ETF＋個股組合2本金試算 | | | | |

名稱 （代號）	除息時間 （月）	買進價 （元）	買進單位 （股）	費用 （元）
永豐台灣 ESG （00888）	1、4、7、10	15.32	1,000	15,320
中信關鍵半導體 （00891）	2、5、8、11	15.75	1,000	15,750
台積電 （2330）	3、6、9、12	589.64	32	18,868
			合計金額	49,938

註：1. 買進價為 2021.07 收盤均價；2. 費用以無條件捨去
資料來源：台灣證券交易所、櫃買中心

30（00728）、富邦科技（0052）和富邦摩台（0057）。

① 00728 ＋ 0052 ＋ 0057 ＋ 10 月 除 息 ETF：00728、
0052 及 0057 除息時間分別落在 1 月、4 月和 7 月，而若再搭
配 10 月除息的 3 檔 ETF——元大高股息（0056）、永豐臺灣加權
（006204）、富邦臺灣優質高息（00730）中的任一檔，即能達
成每季領息的組合。不過，也要注意 ETF 的配息穩定度，像是組合
當中的 0057，雖然公開說明書中有寫到每年會配息 1 次，但近 5

年來（2016 年～ 2020 年）僅在 2016 年時配發過 1 次息，因此在做配置時，也要留意 ETF 近幾年的配息穩定度等表現。

② 00728 + 0052 + 0057 + 11 月除息 ETF：組合 2 與組合 1 的差別在於，將原先 10 月除息的 3 檔 ETF，置換成除息時間落在 11 月份的 ETF，共有 9 檔；這時間也是大多數台股 ETF 的除權息旺季，故檔數上有較多的選擇。

③ 00728 + 0052 + 0057 + 12 月除息 ETF：組合 3 與前兩者的差別在於，是以 12 月除息 ETF 搭配 00728、0052、0057。而除息落在 12 月份的台灣股票型 ETF，目前僅有新光內需收益（00742）1 檔。

上述 3 種組合，都是利用年配息的 ETF 來組成每季收息的配置。接下來我們來介紹，如何用半年配的台股 ETF，組合出季配息套餐。

2. 半年配 ETF

除了用年配息 ETF 交叉搭配組合季配息套餐外，其實半年配的 ETF 在組合上就相對簡單，一來是半年配的 ETF 數量較少（詳見表 8），二來是能互相搭配的組合也較少，分別有兩種組合，其中共同配置的 ETF 為富邦臺灣中小（00733）。

表7 用年配息ETF配置季收息組合
——年配息ETF除息月曆

1月	2月	3月	4月
組合1、2、3： 第一金工業 30（00728）			組合1、2、3： 富邦科技 （0052）

5月	6月	7月	8月
		組合1、2、3： 富邦摩台（0057）	

9月	10月	11月	12月
	組合1： 元大高股息 （0056） 永豐臺灣加權 （006204） 富邦臺灣優質 高息（00730）	組合2： 元大中型100 （0051） 元大電子（0053） 元大台商50 （0054） 元大MSCI金融 （0055） 元大富櫃50 （006201） 兆豐藍籌30 （00690） 元大台灣高息低波 （00713） FH富時高息低波 （00731） 元大臺灣ESG永 續（00850）	組合3： 新光內需收益 （00742）

資料來源：各大投信

用半年配ETF配置季收息組合
──半年配ETF除息月曆

1月	2月	3月	4月
組合1：元大台灣50（0050） 組合2：元大 MSCI 台灣（006203）			組合1、2：富邦臺灣中小（00733）

5月	6月	7月	8月
		組合1：元大台灣50（0050） 組合2：元大 MSCI 台灣（006203）	

9月	10月	11月	12月
	組合1、2：富邦臺灣中小（00733）		

資料來源：各大投信

　①00733＋0050：00733的除息月份落在4月和7月左右，而元大台灣50（0050）則是落在1月和7月附近，故可以用這兩檔 ETF 做搭配，剛好除息時間都會落在每季的第1個月，成功做到季收息的組合。

② 00733 + 006203：而組合 2 中，則是將組合 1 中的 0050 替換成除息時間同樣在 1 月和 7 月的元大 MSCI 台灣（006203），這樣的 ETF 配置，同樣能做到每季收息的目標。

以上提供了各種配息的組合方式，如季配息 ETF 打造月月收息組合，或是用年配、半年配 ETF 打造季配息組合等供大家參考。不過 ETF 的配息時間和配息頻率，在未來也是有變動或調整的可能，例如 0050 就曾在 2016 年時，從原先的年配息改成半年配（2017 年起正式半年配息 1 次），還是需留意基金公司所發布的配息資訊（如除息日、股息發放日等）。

當然，上述這些組合並非適合每一個人，組合方式也不只有這些，在資金等條件允許下，配置出最適合自己的收息組合，才是最重要的。不過要提醒的是，在進行配置之前，還是得先了解各檔 ETF 的指數特色、選股邏輯、持股產業，以及報酬、殖利率、流動性等，是否都符合自身的投資策略和目標，這也是在進行收息資產配置時絕不能忽略的重點。

布局核心＋衛星ETF
大盤、產業趨勢兩頭賺

4-3

你是否想要穩健投資追蹤大盤 ETF，卻又不想錯過熱門投資趨勢？如果你也有這樣的想法，那麼核心＋衛星 ETF 的投資策略就是解決這個問題的方法。

核心＋衛星的投資策略在共同基金中歷史相當悠久，為被廣泛應用的投資策略之一。但其實這樣的策略也同樣適用在 ETF 投資上，甚至更適合，因為 ETF 更容易交易、成本更低，且現在在台灣發行的 ETF 產品非常多元，讓投資人能夠彈性搭配出更多的組合。

核心＋衛星的 ETF 投資策略，基本上是利用成長穩定、波動較低的 ETF 作為整體投資組合中的核心，讓其發揮穩健成長、擴大資產的作用，另一方面利用較具成長動能潛力，但同時波動較大的 ETF 作為衛星部位，藉著衛星 ETF 的衝勁來賺取超額報酬，兼顧攻守兩方，替整體投資組合加分（詳見圖 1）。

圖1　核心ETF穩定成長，可用來賺大盤報酬
——核心＋衛星投資策略

衛星ETF ——→ 成長動能強、波動大，
　　　　　　　賺取超額報酬

核心ETF ——→ 低波動、穩成長，
　　　　　　　賺取大盤報酬

　　在採用這個策略時，需要先決定好什麼 ETF 適合作為核心部位，什麼樣的 ETF 又適合當作衛星部位？

核心ETF》選擇追蹤主要市場指數標的

　　基本上，核心 ETF 應該要具備「適合長期持有、波動相對低、能夠穩健成長」3 項特質，因此能夠隨著持有時間愈長，累積報酬率就愈高。

而符合這樣特質的，就是追蹤主要市場指數的 ETF，因為這類 ETF 涵蓋的產業廣泛，在各種景氣循環中，雖會有受害的產業，但亦會有受益的產業帶動 ETF 成長，且多含大型龍頭股，更能適應外在環境變化，能讓投資人賺取到大盤的平均報酬，發揮穩定資產的作用。

對台灣投資人來說，最基本，也最熟悉，適合用來作為核心部位的就是追蹤台股指數的市值型 ETF（詳見圖 2），例如元大台灣 50（0050）、富邦台 50（006208）等。除此之外，由於台灣投資人普遍都是持有新台幣資產，投資台股 ETF 作為核心資產就不需承擔匯率風險。元大投信 ETF 研究團隊甚至建議，台灣人的投資組合中應該要持有 30% 以上的台股 ETF 來達到自然避險的效果。

在台股之外，追蹤全球最大市場的美股 ETF 也是相當適合的標的，例如元大 S&P500（00646）、國際知名的 Vanguard 整體股市 ETF（VTI）等。中信投信業務部部長陳正華建議，在建立核心部位可以單純一點，首要考慮台、美股 ETF 即可，不需將所有市場都納入，甚至其他單一市場、區域型 ETF 可考慮放在衛星部位即可。

衛星ETF》選擇具備成長動能的標的

至於衛星 ETF，原則上會是隨著當下趨勢，持有具備成長動能的

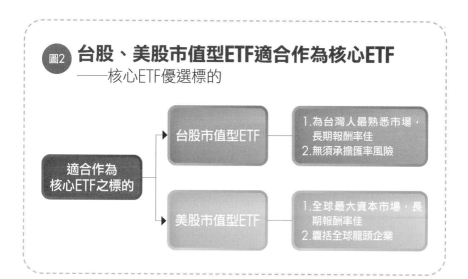

圖2 **台股、美股市值型ETF適合作為核心ETF**
——核心ETF優選標的

適合作為
核心ETF之標的

台股市值型ETF

1.為台灣人最熟悉市場，長期報酬率佳
2.無須承擔匯率風險

美股市值型ETF

1.全球最大資本市場，長期報酬率佳
2.囊括全球龍頭企業

ETF。這部分的選擇則有賴於投資人的主觀判斷，例如看好哪類產業的成長潛力、什麼主題趨勢具備長期動能，或是哪個區域市場經濟正在轉型等。以近期來説，電動車、綠能、半導體、5G、永續投資等，都是無論在國內外討論熱度都極高的題材和主題趨勢，投資人可以自行選擇青睞的 ETF 參與商機，也可以選擇不止 1 檔衛星 ETF 作為搭配。

除此之外，陳正華建議，投資人在建立衛星部位時，還可以考量是否有「重複曝險」的問題，並在與核心 ETF 搭配時，以互補概念出發。例如若以台股 ETF 作為核心 ETF 時，就比較不適合再以台灣

半導體或是 5G 題材的 ETF 作為衛星部位，因為這樣核心與衛星組合中會有太多個股重疊（詳見表 1）。但如果是持有台股 ETF 作為核心，那麼就可考慮搭配全球電動車 ETF 作為衛星 ETF，一來產業重疊度較低，投資區域也不同，能夠達到較好分散風險的效果。

進場策略》衛星部位採定期定額方式投入

至於資金投入的方式，則要回歸看投資人本身的資金狀況。對於核心部位來說，單筆投入或定期定額都是適合的參與方式，多數投資人仍是領薪水的上班族，要一次拿出大筆資金不容易，平常就可以採用定期定額，等到有獎金入帳或是意外之財時，則可以考慮以單筆投入來擴大部位。

衛星部位，則因其多為風險較大的標的，可能是聚焦在單一產業、特定趨勢的 ETF，波動會比較大，建議投資人最好是採取定期定額的方式，分散時間風險，如市場有明顯下修時再加碼。

資金比例》核心與衛星部位比例為7：3

那麼核心 ETF 跟衛星 ETF 投資人應該各布局多少？又該怎麼決定配置比例呢？這點沒有絕對的答案，還是要看投資人本身的屬性，

0050和00881前10大持股中，有4檔相同
——0050、00881前10大持股

元大台灣 50（0050）		國泰台灣 5G+（00881）	
前 10 大持股	權重（%）	前 10 大持股	權重（%）
台積電（2330）	47.73	台積電（2330）	30.32
聯發科（2454）	4.40	鴻　海（2317）	11.97
鴻　海（2317）	4.28	聯發科（2454）	11.90
聯　電（2303）	2.39	聯　電（2030）	6.33
富邦金（2881）	2.04	矽力-KY（6415）	3.46
台達電（2308）	2.00	瑞　昱（2379）	2.93
台　塑（1301）	1.62	大立光（3008）	2.37
南　亞（1303）	1.62	台灣大（3045）	2.36
國泰金（2882）	1.58	廣　達（2382）	2.27
中　鋼（2002）	1.51	聯　詠（3034）	2.24

註：資料日期至 2021.08.27　　資料來源：CMoney

以及投資目標而定。

　　但一般的建議是，風險承受度普通或是偏低的投資人，核心 ETF 和衛星 ETF 的配置比例可以定為 7：3。畢竟「核心」代表的就是投

資組合中的基礎，基礎若在整體配置中占相對大，則整體資產價格波動會表現得比較穩定。

但若投資人的目標是希望可以更積極地累積資產，並且願意承擔風險，就可以再拉高衛星 ETF 部位的比例，畢竟有些產業或是主題趨勢 1 年之內可以繳出相當令人驚豔的報酬率，擴大衛星 ETF 部位將更有利資產成長表現。

開始執行核心＋衛星的 ETF 策略之後，需要停利出場嗎？關於這點，投資人應該將核心與衛星部位分開考量。

出場策略》衛星部位可依2方式停利

關於核心 ETF 部位是否需要停利出場，投資人可以由 2 點出發考量：一為市場本身體質，二為其他資產配置考量（詳見圖 3）。核心 ETF 作為投資人累積財富的主要部位，配置目的就是靠長期投資，來賺取穩健的財富成長，因此除非該市場出現嚴重質變、巨大利空，徹底扭轉了該市場的體質，否則不該輕易出場。

其次，陳正華建議，若是投資部位全數都為股票，且現金水位低的投資人，在市場高檔時，的確可以考量將核心 ETF 贖出一小部分，

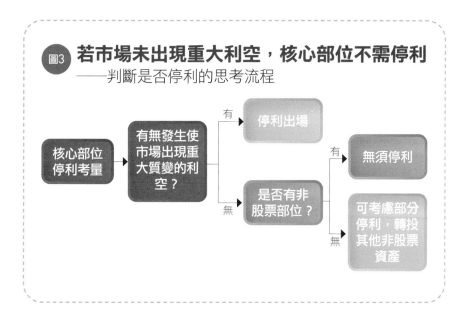

圖3 **若市場未出現重大利空，核心部位不需停利**
——判斷是否停利的思考流程

核心部位
停利考量

有無發生使
市場出現重
大質變的利
空？

有　→　停利出場

無　→　是否有非
股票部位？

有　→　無須停利

無　→　可考慮部分
停利，轉投
其他非股票
資產

配置到其他資產，例如房地產、現金、債券或是其他與股市關聯度
較低的資產。

但若是已有其他非股票資產布局，則核心 ETF 部位就不見得需要
停利，可以繼續持有，讓核心 ETF 繼續累積資產。

至於衛星 ETF，專家都建議必須適時停利。衛星部位畢竟是成長
動能較強的部位，因為有衝勁，因此股價波動幅度大，就算投資的
是對的產業或趨勢，但股價仍有可能會過度反映，也就是超漲，適

當停利的話就能先把超漲部分入袋。

衛星 ETF 的停利方式，有以下 2 種：

1. 定期調整

元大投信 ETF 研究團隊指出，定期調整（Rebalance）向來是資產配置、策略搭配中不可或缺的一環。投資人可以設定定期檢視核心、衛星的資產比例，若是資產配置比例因為資產表現落差，而產生偏離，則投資人就可以重新調整資產權重，回到最初設定的比例。

舉例來說，若當初核心、衛星部位比例設定為 7：3，經過 1 年時間，衛星 ETF 漲幅勝過核心 ETF，使比例變成 6：4，這時候就可以重新調整部位回原來的比例，也達到低買高賣的停利、加碼效果。

2. 設定停利點

停利點的設定有 2 種，一種為絕對數值，另一種則為相對數值。絕對數值的設定是例如當獲利達到 20%、30% 即為滿足點，此時就可以停利出場。不過，陳正華建議，投資人不妨將停利點稍微設高一點、稍具挑戰性，可以避免頻繁進出，也能累積更多獲利。

另外一種停利點設定的做法，則是將衛星 ETF 的部位與大盤或是

圖4 **設定衛星ETF停利點時，可以採絕對或相對值**
——衛星ETF停利策略

衛星ETF
停利策略

定期調整 → 固定時間檢視核心與衛心部位比例，調整回歸最初設定

設定停利點 → 1.設定絕對停利點，例如30%報酬
2.設定相對停利點，例如優於大盤10%

核心 ETF 的報酬做比較，例如當衛星 ETF 的績效表現已經勝出大盤
5%、10% 以上時，就可以減碼部位、停利出場，相當於先收穫衛
星 ETF 所賺得的超額報酬。

　核心搭配衛星 ETF 的投資策略，可以同時賺大盤，也追趨勢，但
又不用承擔過大的風險，相當適合穩健中偏向積極的投資人來靈活
運用。

4-4 自組全球股票型ETF組合 輕鬆年賺10%

　　投資 ETF 的其中重要優勢之一，就是利用 ETF 持有一籃子股票的特質，輕鬆布局整個股票市場，進而參與該市場的上漲趨勢。例如，買進元大台灣 50，也就是 0050 來布局台股，或是透過買進追蹤 S&P 500 指數的 ETF 來投資整體美股市場。但你有沒有想過，其實利用 ETF，你就能夠買下全世界的股市，囊括所有重要市場和一流公司？

　　我們都希望能夠分散持股來降低投資的波動風險，而理論上來說，當你的布局愈廣泛、投資標的更多檔、更多元時，則你的資產所遭遇的波動風險就愈低，也更安全。而最分散的持股方式莫過於買下全球股票（詳見圖 1）。

　　畢竟任何單一區域、市場都有可能面臨起落，如果你只持有某一區域、市場的股票，難免遇到局勢轉變、經濟強勢不再的情況。但

若你持有的標的遍及全球市場;這樣一來,只要全球經濟持續成長、股市長期向上,就能帶動你的資產跟著成長,不用再擔心資產受單一區域表現影響。

境外ETF》以VT、ACWI最知名

實際上,國際上早就有以此概念設計推出的全球股票型 ETF,投資人只要買進 1 檔這樣的 ETF 就等於買進全世界股票。在全球股票型

ETF 中，最出名的為 Vanguard 全世界股票 ETF（VT）以及 iShares MSCI 全世界 ETF（ACWI）這 2 檔 ETF（詳見表 1）。

Vanguard 全世界股票 ETF 追蹤的是 FTSE 全球全市場指數（FTSE Global All Cape Index），管理資產高達 238 億 3,000 萬美元。這檔 ETF 涵蓋的類股包括大、中、小型，但以大型股為主，布局約 60 個市場，包含成熟市場以及新興市場，成分股高達 9,054 檔，相當於你買進這檔 ETF 的同時，你就成為 9,000 多家公司的股東！

除此之外，VT 的報酬也非常令人滿意，近 10 年年化報酬率為 10.44%，近 5 年在股市多頭的帶動之下，更是達到 14%。

另外一檔 ETF──iShares MSCI 全世界 ETF（ACWI）追蹤的則是 MSCI 所有國家指數（MSCI All Country World Index），管理資產比 VT 少，但也是有 170 億 5,400 萬美元。ACWI 的持股主要是大型、中型股，幾乎不持有小型股，布局也是同樣包含成熟市場以及新興市場，共約 60 個市場，成分股數量則只有 2,304 檔，比 VT 少了許多。

至於 ACWI 的報酬表現呢？可以說與 VT 旗鼓相當，近 10 年年化報酬達到 10.37%，近 5 年則是 14.06%。

VT、ACWI皆成立超過10年
　　——2檔境外的全球股票型ETF標的

名稱	Vanguard 全世界股票 ETF（VT）	iShares MSCI 全世界 ETF（ACWI）
追蹤指數	FTSE 全球全市場指數	MSCI 所有國家指數
發行日期	2008.06.24	2008.03.26
管理資產規模	238.30 億美元	170.54 億美元
投資範圍	成熟市場＋新興市場	成熟市場＋新興市場
成分股數量	9,054	2,304
前 5 大成分股	蘋果、微軟、亞馬遜、臉書、字母（Google 母公司）	蘋果、微軟、亞馬遜、臉書、字母（Google 母公司）
績效表現（年化）	近 1 年：34.85% 近 3 年：13.79% 近 5 年：14.00%	近 1 年：33.44% 近 3 年：13.85% 近 5 年：14.06%

註：1. 資料日期至 2021.08.24；2. 績效表現統計至 2021.07.31
資料來源：ETF Database、Portfolio Visualizer

　　借鏡以上這 2 檔全球股票型 ETF 的表現，可以説只要買進全球股票型 ETF，就能讓全世界替你年賺 10%。

國內ETF》重點布局5區域ETF

　　不過，可惜的是，目前台灣市場上尚未發行全球股票型 ETF，只

有以單一市場或區域組成的 ETF。但投資人也不用沮喪，其實光是利用在台灣發行的 ETF，就能夠自己組成全球股票型 ETF，而且就模擬數據來看，績效並不輸這 2 檔知名的全球股票型 ETF。

自組全球股票型 ETF 組合該怎麼做呢？當然不是隨便將台灣有的海外市場 ETF 都買進就可以了，而是需要綜合考量各國經濟、市場發展等面向來決定各市場的配置權重。對一般投資人來說，要憑一己之力，做這麼多研究絕對不容易，更何況如果需要這麼大費心力的話，也就違反當初投資 ETF 追求的輕鬆、易懂原則了。

ETF 投資達人怪老子建議，最簡單的做法就是參考國際上現有的全球股票型 ETF 的區域配置權重。我們在此以 ACWI 為例，透過圖 2，我們可以看出，ACWI 前十大配置市場中，分別有美國、日本、中國、英國、法國、德國、台灣等等，如果投資人按照這個配置比重買進區域型 ETF，應該能夠得到極為貼近的結果，但是台灣並非針對所有股市都有發行 ETF。再者，如果需要透過買進 10 檔以上 ETF 才能自組全球 ETF，對於投資人來說，管理上也有點過於瑣碎跟麻煩。

因此怪老子建議，投資人可以將配置區域簡化成幾個重點市場概念即可，基本上就是美國、歐洲、日本、中國以及台灣。以 ACWI

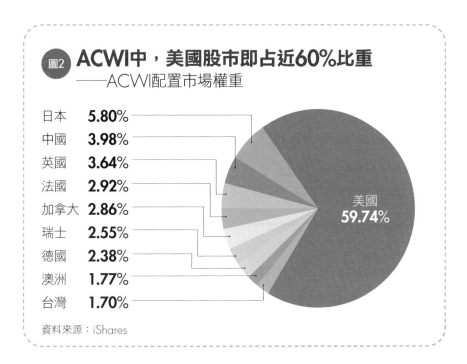

圖2 ACWI中，美國股市即占近60%比重
——ACWI配置市場權重

日本	**5.80%**
中國	**3.98%**
英國	**3.64%**
法國	**2.92%**
加拿大	**2.86%**
瑞士	**2.55%**
德國	**2.38%**
澳洲	**1.77%**
台灣	**1.70%**

美國
59.74%

資料來源：iShares

來說，美國權重 59.04%，可以取整數為 60%，其餘 40% 的權重則按照比率、取相近整數分配給其他市場即可，按此邏輯可得到歐洲 20%、日本 10%、中國 6.5%、台灣 3.5% 的比重。

　而我們利用 iShares 發行的相關區域市場 ETF 搭配此權重配置，並與 ACWI 比較，回測結果得到極為相似的績效報酬，顯見利用這個化約式的區域以及權重配置，投資人就可以獲得近似於全球股票市場表現，甚至更優異的成績（詳見圖 3）。

確立好區域的投資權重後，接著就是要找尋在台灣市場中投資人就可以利用的 ETF。怪老子建議，在選取自組全球股票型 ETF 組合的標的時，最重要的原則就是選擇市值型 ETF，並且愈具該區域股市代表性的 ETF 愈好。詳細的 ETF 比較，可以參考 2-2。

考量代表性和規模等條件之後，我們在此以元大 S&P500（00646）、元大歐洲 50（00660）、元大日經 225（00661）、元大台灣 50（0050）、國泰中國 A50（00636）按照前方所述權重來做模擬試算，則自組的投資組合近 5 年累積報酬率可達 74.2%，年化報酬率為 11.7%，與 ACWI 換算成新台幣後的近 5 年年化報酬 10.9% 相比，可算是相當不錯的成果（詳見圖 4）。

至於需不需要隨時再平衡呢？怪老子建議，考量進出摩擦成本，頻繁做投資組合再平衡的意義並不大，對於報酬率影響幾微。再者，因為我們配置的是全球股票型 ETF 組合，投資範圍廣，各大市場股市權重很難在短時間內出現激烈變化。

因此建議投資人，用股票型 ETF 組成全球股票型 ETF 組合後，頂多 1 年 1 次參照海外發行的全球股票型 ETF 區域權重變化（查詢方式詳見圖解教學），例如 VT、ACWI，或是全球股票指標指數的區域權重，例如 FTSE 全球全市場指數、MSCI 所有國家指數，如果指

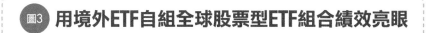

圖3 **用境外ETF自組全球股票型ETF組合績效亮眼**

◎境外ETF自組全球股票型ETF組合 vs. ACWI走勢

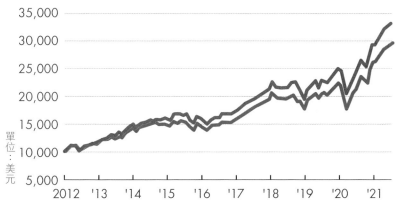

— 境外 ETF 自組全球股票型 ETF 組合
— iShares MSCI 全世界 ETF（ACWI）

單位：美元

◎境外ETF自組全球股票型ETF組合 vs. ACWI報酬

標的	報酬率（%）			
	今年以來	近 1 年	近 3 年	近 5 年
ACWI	13.36	33.44	13.85	14.06
境外 ETF 自組全球股票型 ETF 組合	13.72	32.55	14.33	14.77

註：1. 資料日期至 2021.07.31；2. 自組組合採用了 iShares Core S&P 500 ETF
（IVV）、iShares Europe ETF（IEV）、iShares MSCI Taiwan ETF（EWT）、
iShares MSCI China ETF（MCHI）、iShares MSCI Japan ETF（EWJ）；3. 除
今年以來，其餘皆為年化報酬率
資料來源：Portfolio Visualizer

用5檔台灣發行的ETF配置全球股票型ETF組合

◎國內ETF自組全球股票型ETF組合範例

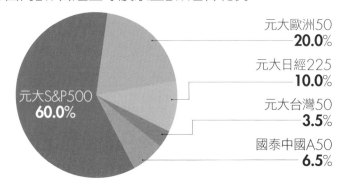

元大歐洲50
20.0%

元大日經225
10.0%

元大台灣50
3.5%

國泰中國A50
6.5%

元大S&P500
60.0%

◎國內ETF自組全球股票型ETF組合範例

─ 國內 ETF 自組全球股票型 ETF 組合
─ iShares MSCI 全世界 ETF（ACWI）

單位：新台幣元

18,000
16,000
14,000
12,000
10,000
8,000

2017.01.17　'18.01.17　'19.01.17　'20.01.22　'21.01.25

註：1. 資料日期為 2016.08.18 ～ 2021.08.18；2. 為含息總報酬率，並考量新
　　台幣匯率因素；3. 以起始投資 1 萬元資產比較
資料來源：怪老子、晨星

數有變動再跟著調整即可。透過前述步驟，你可以發現，其實自組
全球股票型 ETF 組合一點也不難，只需要以 5 檔 ETF 就可以完成，
且管理簡單，一年只需要重新檢視一次。就算台灣沒有發行全球股
票型 ETF 也沒關係，你一樣能輕輕鬆鬆當全世界股東。

圖解教學　查詢全球股票型ETF區域權重

要自組全球股票型ETF，很重要的是參照海外發行的全球股票型ETF區域權重。
而海外發行的全球股票型ETF區域權重，在各ETF發行公司網站上以及許多彙整
ETF相關資訊的網站都可找到。此處以iShares網站為例：

首先進入iShares網站首頁（https://www.ishares.com/us），然後點
選右上角的❶「Search」（搜尋），在跳出的搜尋欄目上輸入iShares
MSCI全世界ETF的股票代碼❷「ACWI」，並按下❸「SEARCH」。

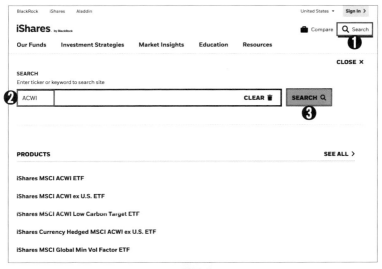

接續
下頁

接著就會進入iShares MSCI全世界ETF相關資訊的頁面，點選❶「Holdings」（持股）。

接著，就能看到ACWI的主要持股內容，將畫面再下拉，即可看到❶「Exposure Breakdowns」（持股配置），下方就是ACWI主要的市場分布以及權重。

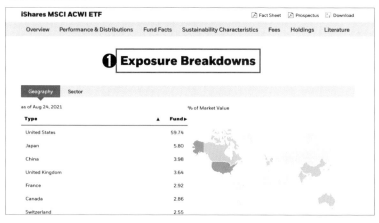

資料來源：iShares

國家圖書館出版品預行編目資料

人人都能學會靠ETF領高息賺波段全圖解/《Smart智富》
真・投資研究室著. -- 一版. -- 臺北市：Smart智富文化，
城邦文化事業股份有限公司, 2021.09
　面；　公分
ISBN 978-986-06874-2-2(平裝)

1.基金 2.投資分析 3.投資技術

563.5　　　　　　　　　　　　　　　110014645

Smart 智富
人人都能學會靠ETF領高息賺波段全圖解

作者	《Smart 智富》真・投資研究室
企畫	林帝佑、周明欣、鄭　杰、謝宜孝
商周集團	
榮譽發行人	金惟純
執行長	郭奕伶
總經理	朱紀中
Smart 智富	
社長	林正峰（兼總編輯）
副總監	楊巧鈴
編輯	邱慧真、胡定豪、施茵曼、陳婕妤、陳婉庭
	劉鈺雯
資深主任設計	張麗珍
版面構成	林美玲、廖洲文、廖彥嘉
出版	Smart 智富
地址	104 台北市中山區民生東路二段 141 號 4 樓
網站	smart.businessweekly.com.tw
客戶服務專線	（02）2510-8888
客戶服務傳真	（02）2503-5868
發行	英屬蓋曼群島商家庭傳媒股份有限公司城邦分公司
製版印刷	科樂印刷事業股份有限公司
初版一刷	2021 年 9 月
ISBN	978-986-06874-2-2

定價 249 元

Smart智富 讀者服務卡

WBSM0017A1
《人人都能學會靠ETF領高息賺波段全圖解》

為了提供您更優質的服務，《Smart 智富》會不定期提供您最新的出版訊息、優惠通知及活動消息。請您提起筆來，馬上填寫本回函！填寫完畢後，免貼郵票，請直接寄回本公司或傳真回覆。Smart 傳真專線：（02）2500-1956

1. 您若同意 Smart 智富透過電子郵件，提供最新的活動訊息與出版品介紹，請留下
   電子郵件信箱：_____

2. 您購買本書的地點為：□超商，例：7-11、全家
   □連鎖書店，例：金石堂、誠品
   □網路書店，例：博客來、金石堂網路書店
   □量販店，例：家樂福、大潤發、愛買
   □一般書店

3. 您最常閱讀 Smart 智富哪一種出版品？
   □ Smart 智富月刊（每月 1 日出刊）　　□ Smart 叢書　　□ Smart DVD

4. 您有參加過 Smart 智富的實體活動課程嗎？　　□有參加　　□沒興趣　　□考慮中
   或對課程活動有任何建議或需要改進事宜：_____

5. 您希望加強對何種投資理財工具做更深入的了解？
   □現股交易　　□當沖　　□期貨　　□權證　　□選擇權　　□房地產
   □海外基金　　□國內基金　　□其他：_____

6. 對本書內容、編排或其他產品、活動，有需要改善的事項，歡迎告訴我們，如希望 Smart
   提供其他新的服務，也請讓我們知道：
   _____
   _____

您的基本資料：（請詳細填寫下列基本資料，本刊對個人資料均予保密，謝謝）

姓名：_____　　性別：□男　□女

出生年份：_____　　聯絡電話：_____

通訊地址：_____

從事產業：□軍人　□公教　□農業　□傳產業　□科技業　□服務業　□自營商　□家管

您也可以掃描右方 QR
Code、回傳電子表單，
提供您寶貴的意見。

想知道 Smart 智富各項課
程最新消息，快加入 Smart
課程好學 Line@。

LINE@

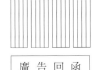
104 台北市民生東路 2 段 141 號 4 樓

行銷部 收

●請沿著虛線對摺，謝謝。

書號：WBSM0017A1

書名：人人都能學會靠ETF領高息賺波段全圖解